普天之下・盡是好書

普天 出版家族
Popular Press Family

凌雲 文創
A-Plus Creative Company

把人看透透的超強讀心術

柯林斯曾經寫道：
成功者與失敗者最大的差別，
就在於成功者比失敗者更懂得看穿人心。

想要瞬間把一個人看得透徹，其實並不困難，重點在於能不能從對方的言行裡，看出虛偽矯飾的成分。

瞬間看穿

對方的心理

PRACTICAL PSYCHOLOGY

〈識人篇〉

陶然——編

在這個不懂得自我包裝，就無法將自己推銷出去的社會，想知道對方究竟是怎樣的人，
千萬別被洋洋灑灑、圖文並茂的「履歷表」迷惑，而要從細微之處觀察他的言行舉止。
只要靈活解讀對方肢體語言，你就可以擁有一對瞬間讀懂人心的慧眼，一眼看穿對方的本性。

●出版序●

你必須知道的讀心術

想要瞬間讀懂人心，其實並不困難。即便是初次相見的陌生人，你都可以憑第一印象抓出對方的目的與可能隱藏的個性、心思。

一個人不管如何遮掩，內心深處最真實的一面，一定會透過表情、情緒反應、肢體動作和特殊偏好顯現出來，想在這個爾虞我詐的社會行走，就必須具備讀人讀心的重要本領。透過細膩的觀察，我們就可以迅速研判出對方心裡正在想什麼，是不是口是心非或言不由衷；提高自己的觀察與判斷能力，在人際關係中就可以無往不利。

心理學家愛德華．赫斯博士曾說：「想要看透一個人，不要只會用耳朵去

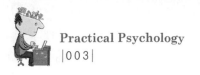

聽他說些什麼，而是必須用眼睛去看他做些什麼。」

這是因爲，一個人的眞正心思，往往會在做了言不由衷的事情之後暴露出來。想要瞬間看透一個人，就不能光看他表現出來的那面，也不能光聽他說出來的話，而要從細微之處看穿他極力掩飾的另一面，以及藏在心中沒說出來的眞正心思。

想要把人看透的秘訣並不困難，重點就在於你是否懂得口是心非的人性。想要知道對方是什麼樣的人，想瞬間讀懂對方的心思，就千萬不能只用耳朵判斷，必須用眼睛仔細觀察他的一舉一動。

人與人之間，免不了必須進行溝通、互動。

從家庭、學校、職場，甚且社會，一個人的「成長」，說穿了就是透過不斷與他人相處從而逐漸改變、成熟的過程。

不妨想想，一天二十四小時之內，可能會碰上哪些人呢？想來數目應該不少！其中必定有已經相互熟識的，但也有可能是完全陌生卻不得不打交道的。

無論面對哪一種，你有把握地與他們進行良好的互動，順利完成自己的期望與

目的，而不使自身權益受損嗎？

回想一下過去的經歷，恐怕絕大多數人的答案都偏向於否定。

這正是這本書的撰寫主旨。

想要瞬間看穿人心，其實並不困難。即便是初次相見的陌生人，你都可以憑第一印象抓出對方當下的目的與可能隱藏的個性、心思，且屢試不爽。不用懷疑，事實上，這就是「讀心術」的巧妙之處。

阿諾德曾說：「透識一個人的最快速方法，就是將他全身剝光，讓他赤裸裸地站在衆人面前，然後再看他做出什麼反應。」

因爲，如果這個被「剝光」的人，是一個行事光明磊落的君子，沒有什麼不可告人之事，那麼他就不會在衆人面前驚慌失措，如果這個被「剝光」的人，是一個專門幹無恥勾當的小人，那麼當他赤裸裸地站在衆人面前，就會手足失措，深怕自己的馬腳會不小心曝露出來。

唯有冷靜觀察對方的肢體語言，對細微變化旁敲側擊，我們才能眞正掌握一個人的眞實內在。

人是最擅長僞裝的動物，現實生活中道貌岸然的小人很多，如果你不想老是受他們宰割，那麼就得放聰明一點，才不會老是受騙上當。

我們遭遇的人，可能比我們想像中正直，也可能比想像中陰險，交往之前必須先摸清對方的人格特質與心理需求。從一個人所傳達的肢體語言，我們可以迅速研判出對方是友好的或是狡詐、充滿敵意的；具有這種觀察能力，在人際關係中就可以無往不利。

人人都有個性，影響著他們的思想、喜好，進而決定他們表現在外的所有行爲，只要不刻意掩飾——其實，就算用盡心機，還是會有小小的「馬腳」露出來，瞞不過眞正懂得讀心的聰明人。

學會從小地方看人性，你必定可以得到很大的實質收穫，無論面對上司、同事、下屬、客戶、朋友、家人，都將立於不敗之地。爲什麼呢？原因很簡單，因爲你已經完全把他們的心思掌握在手裡。

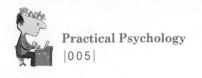

PART 1 如何聽出別人在想什麼？

巧妙地分析對方談話的口氣、速度、聲調，探究對方的內心正在想些什麼，這是增進人際關係的要點。

PART 2 觀察，就是最好的識人方法

狡滑的人會將會議內容以及每個人的話一點不差地呈現給高層，卻不會表明半點自己的看法與觀點。

PART 3 手指發出的訊號最不會說謊

興奮的舉動，在一般的場合下都是通過手來表達的。揮著拳頭，或者不斷用手指相互摩擦，無意識當中都表達了自己的意思。

PART 4 性格不同，紓壓方式就不同

用睡覺放鬆自己的人多半很聰明而且實際，無論在什麼時候都知道自己的目標，並且會努力尋找最快捷的方法。

PART 5 收藏展現自身的生活追求

喜愛收集衣服飾物的人，大都愛打扮、喜歡揮霍，想透過外表使自己成為眾人矚目的焦點。

PART 6 準確識人，才能遠離小人

僅僅憑外在條件就對一個人下定語，往往是不可靠的，也是不可取的。

PART 7 別被馬屁精摸清了自己的心

當你受到來自別人的讚美時，不要忘了一切、迷失方向，要小心同事不良的動機，提防他對你別有用心。

PART 1

如何聽出別人在想什麼？

巧妙地分析對方談話的口氣、速度、聲調，
探究對方的內心正在想些什麼，
這是增進人際關係的要點。

情緒會洩漏一個人的底細

在這個偽詐多變的社會中，你不僅要學會控制自己的情緒，也要看得懂別人的情緒和脾氣。

有的人喜歡妝點自己，平日一副道貌岸然的模樣，說起話來頭頭是道，儼然是博學多聞的紳士。但是，只要一被激怒，就會自動現出原形，讓別人看清他們原來的德性。

日本某家電視台，找了一百位議員來上節目，節目中由主持人發問，然後再聽取這些議員的意見。

由於節目是現場直播，而且每位議員都被刻意分隔開來，因此並不會看到彼此回答問題的情況。

不久，主持人開始提出詢問，每一個問題都非常嚴苛，並且直涉核心。剛開始時，這些議員們都回應得不錯，但是，在主持人猛烈且毫不客氣的質問下，慢慢地有些人開始回答得亂七八糟。

這讓許多人甚至是主持人，都對他們產生了藐視的心態。接著，主持更提出了一個敏感的問題，這時有個議員發怒了，生氣地對主持人說：「別開玩笑了，我不會再回答你的任何問題。」

說完後，這個議員便氣憤地離開了，不過攝影機仍一路跟拍，還將他離開會場的情況也拍攝下來。

其實，這個節目早已設計好了陷阱，目的就是要讓對方陷入圈套。

因爲，議員們平時在議會或記者會上，只會公然說謊，說些冠冕堂皇而公式化的見解，很難聽到他們的眞心話，所以，爲了讓議員們能說出心裡眞正想說的話，節目的製作團隊想出了許多點子和問題，更企圖以刻薄的問題，來引爆他們的脾氣。

這個方法也真的奏效了，這群在議會上對答如流的議員，不只說出了平日所不會回答的問題，也真實地表現出他們的脾氣和做事的態度。

從這個例子我們知道，修養不夠或是能力不夠的人，其實一探便知，他們只要被別人激怒，就會原形畢露，而且往往不知道如何控制自己的情緒，是非常容易攻破心防的對手。

在這個僞詐多變的社會中，你不僅要學會控制自己的情緒，同時也要看得懂別人的情緒和脾氣；能夠知己知彼，你才不會受制於人，並且將對手操控於手掌之中。

看人的眼神是一門大學問

心理學家一致認為，眼睛比嘴巴還能傳達情意，所以，為了讓對方仔細看著你的眼睛，你就必須直視對方的眼。

觀察眼神是研究一個人的入門，因爲當一個人看到令人振奮的東西時，潛意識中瞳孔會自動擴大，這是無法控制的自然反應。

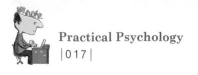

我們也可以將這項心理反應活用在日常生活和工作場合之中。

假如你是一個推銷員，推銷業務的時候，不妨仔細注意一下眼前顧客的眼神。一般顧客的警戒心理都很強，不會輕易表現眞實的心意，你可以一面介紹產品，一面注意對方的眼神變化，大致上就能明白他們被哪種商品吸引，或者他們對哪種商品較有興趣。

只要你能注意到這一重點，成功的機率必然可以提高許多。

新到一個陌生的工作環境，如何與上司交談是個重要的關鍵。

一個優秀的上班族只要能以尊重的表情和謹慎的語氣，選擇有利時機，保持不卑不亢的態度跟上司交談，那麼必定能與上司進行成功的互動，對自己的日後升遷大有助益。

在人的肢體語言中，有一項很重要的「表情」，足以讓談話進行地得順利，也足以讓對方感到不愉快，那就是——眼神。

在工作場合裡，人和人面對面時，視線投射方式是一門大學問，一不小心就會讓對方心生不悅。如果男性的交談對象是女性，一直把視線射向她的胸部，必然會讓她覺得很嫌惡。那到底該怎麼做比較好？

首先，要記住的是直視對方的眼睛。當你要請別人聽你說話、想傳達自己的想法、讓對方有所行動時，就必須看著他的眼睛說話。

心理學家一致認爲，眼睛比嘴巴還能傳達情意，所以爲了讓對方仔細看著你的眼睛，你就必須直視對方的眼，把視線往下投射或東瞄西看，就會阻礙你想要傳達的意念。

再來就是要了解，對方的「額頭到肩膀」是視線的範圍。

和人說話時，看著對方眼睛說話是基本禮貌，但若一直注視對方的眼睛，彼此之間就會產生壓迫感。爲了緩和彼此的這種壓力，你的視線上下可以觸及頭部與肩膀範圍的四邊形，上限是額頭，但是，要避免注視髮際，下限則是肩胛骨的稍下方，左右可及肩寬程度。

要特別注意的是，千萬不要用「掃瞄」的眼神看對方，那是一種非常不禮貌的行爲。至於對方可能會在意的部位，也不要停留目光，比如像是傷口、塌鼻子、痘痘或痣……等等。

注意到基本的「看人」原則，視線就不會讓對方產生不愉快的感覺。

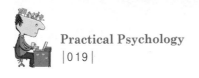

如何套出別人的真心話？

想了解初次見面的人言詞是否真實，或是他對交談話題的關心程度，可以用壓迫性交談的手法，故意與對方唱反調。

當一個人良善的光明面遠遠大過於邪惡的黑暗面，他就是一個四處受人歡迎的好人，而當卑鄙下流的思考模式徹底壓制光明正大的念頭時，他就會是一個走到哪裡都惹人嫌惡的小人。

千萬不要被小人的不實言行蒙蔽，而要洞悉他們的眞實面目，否則，你很快就會成爲「受害人」。

在以了解對方的人品及想法爲目的的交談中，想要在有限的時間內儘可能地或到正確的資訊，就必須使用各種深層的方法才能奏效，其中最有效的方法是壓迫性交談。

壓迫性交談，是向談話對象提出令他不快的問題，或是將對方置於孤立狀態，使他做出決斷的方法。換言之，就是「虐待」對方，將他趕入不利的處境中而觀察反應的方法。

在危急的情況下，一般人都會露出赤裸裸的自我，平常用來掩飾、表現理智的面具會脫落，最後吐露眞言。

某個以積極果敢的採訪方式聞名國際政界的新聞記者，在著作中曾經記述自己的採訪信條，就是挑起採訪對象的憤怒。

爲了打破受訪者牢固的心理防衛，套出他們的眞心話，他常常故意做出不禮貌的舉動，或提出一些逆拂對方的問題，用壓迫性交談逼他們吐出眞話。他之所以能夠得知其他記者無法挖掘的極機密資料，這種突破他人心理防衛的巧妙採訪方法，對他助益不少。

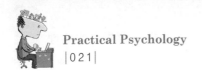

想了解初次見面的人言詞是否眞實，或是他對交談的話題的關心程度，可以用壓迫性交談的手法；故意與對方唱反調，是最常用的一種方法。

但是，不論如何探索對方的眞意，如果引起對方憤怒的話，就有可能造成負面效果。如果，你認爲就此與對方斷絕關係也無妨，或是自信能平靜對方的怒氣並恢復良好關係，當然另當別論，但是，若是情形並非如此，就有必要愼重處理了。

一般而言，想套出對方的眞正意圖，最好的方式是借用第三者來提出反論，避免自己提出反論時引起對方的反感。

不論如何，唱反調是使對方感到不快的交談方式，最好只在有必要認清對方的眞意或人性時運用。

如何聽出別人在想什麼？

巧妙地分析對方談話的口氣、速度、聲調，探究對方的內心正在想些什麼，這是增進人際關係的要點。

和別人交往過程中，其實僅從談吐、遣詞用字方面，就可以窺視對方的內心狀況。因爲，談吐的方式會反映出一個人當時的心理狀態，越深入交談，愈會暴露出他的原本面目。

因此，談吐方式、遣詞用字，是探知一個人眞正性格和心理狀態的重要依據。當話題進行至核心部分時，說話的速度、口氣，就是我們探知對方深層心理意識的關鍵。當然，說話的聲調也是不可忽視的要點。

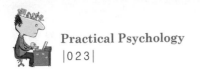

巧妙地分析對方談話的口氣、速度、聲調，探究對方的內心正在想些什麼，這是增進人際關係的要點。

不同身份的人有不同語言。有的人說話粗俗下流，有人說話謙恭有禮、有條不紊，有的人說話內容豐富眞實，當然也有人一派胡言，或內容空洞、不知所云。總之，人說話的時候，就反映出他究竟擁有什麼內涵。

高貴優雅、氣度非凡的人說話溫和流暢，表示他們常用文雅的應酬用語。然而，這類人應分爲兩種，一種人是表裡如一，一種是口是心非。

後者很多是外表高尚而內心醜惡的人，他們不願被對方察覺自己極力掩飾著的目的，所以才使用文雅的口氣說話。

相反的，談吐粗俗的人顯得比較單純。這種類型的人，無論對上司或部下，對同性或異性，都不改談吐方式，喜歡就喜歡到底，討厭也討厭到最底。此外，在初次見面的情況下，這種人的好惡表現也相當明顯，不是表現得很不耐煩，就是親熱若多年摯友。

除此之外，說話說到傷心處就哭哭啼啼、一把鼻涕一把眼淚的人，依賴性非常強烈。這種人儘管平常表現得和藹可親，善於交際奉承，但實際上非常自私、任性，大多屬於不受歡迎的角色。

好掉淚的人有一個屢試不爽的看家本領，就是以半哭半泣聲調，打動別人的惻隱之心，以達到自己的目的。這種模式是一輩子都改不了的。

不聽對方說話，只顧自己滔滔不絕、口沫橫飛的人，則屬於強硬類型，這種人只要在說話的時候，別人肯「嗯、嗯」地靜靜聽他說，就可以得到好感。這種人的最大弱點就是自尊太強，經常喜歡搶先別人一步。

有的不善言辭，說起話來支支吾吾，這一類型的人有時是因爲缺乏表現力，無法巧妙地表達自己想要說的話，有時則適個性陰柔、思考深沈、度量狹窄。更有的是欠缺智慧，或者精神上有某種缺陷。

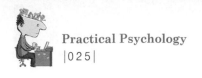

從說話態度推測別人的性格

說話抑揚頓挫變化激烈的人，通常有卓越的說服力，給人善於言詞表達的感覺，但這也是自我表現慾望強烈的證據。

一個人說話的聲調和速度非常重要，可以從中觀察出他的心理狀況。

要是對方說話的速度放慢，表示他對你有所不滿。相反的，說話速度加快，則是他在人前抱有自卑感或話中有詐的證據。突然快速急辯也是同樣的心理。例如，罪犯在說謊時，根本聽不進旁人在說什麼，只會滔滔不絕地爲自己辯護。因爲，他們有不欲人知的秘密藏在心裡。

也有人說著說著，突然提高了音調叫道：「連這個都不懂！這個連小學生都會的你也不懂！」

像這樣惡形惡狀的咆哮，是期望別人服從自己；相反的，假如音調突然變得低聲下氣的話，則是自卑感作祟，或膽怯、說謊的表現。

說話抑揚頓挫變化激烈的人，通常有卓越的說服力，給人善於言詞表達的感覺，但這也是自我表現慾望強烈的證據。

說話小聲、言詞閃爍的人具有共通的特點，如果不是對自己沒有自信，就是屬於女性性格，和低聲下氣的說話類型心理相似。

也有的人喜歡在一個話題繞個沒完、扯個不停，就算阻止他繼續說下去，明白地表示：「我已經了解你要說的意思了！」他也絲毫沒有停下來的樣子。這種說話的方式，是害怕對方反駁的證據。

也有的人只會隨便附和幫腔，例如：「你說的沒錯」、「說得是」……等

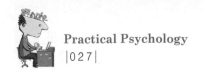

等，這種人根本不理解別人在說些什麼，同時對談話的內容也一竅不通。如果你在說話時，有人在一旁當應聲蟲，你必須明白這一點才行。要是你誤以爲對方了解你的談話，那你就變成丑角了。

每個人說話都有一定的特性和習慣，常用的詞語與字眼，往往反映出說話者的性格。

在談話中常使用「我」的人，是自我表現慾相當強烈的人。

在對話中，大量摻雜外文的人，可能在知識方面相當廣泛，但也有可能是一知半解，只是藉此遮飾自己的才疏學淺。

也有人喜歡用「我認爲」、「我想」的口氣，這種人看似愼重，其實是膽怯的象徵。

這種人個性陰晴不定，對別人的警戒、防衛心理也相當強烈。初見之下，似乎和藹可親，但是當你放心地與他親近時，他又會擺出一副冷若冰霜、瞧不

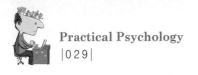

起人的姿態，所以和這種人相處需要相當謹慎。

除此以外，一見到女人就刻意表現出溫柔親切的態度，或有意無意說出性方面用語的人也不少。在女性面前，突然以謹慎恭敬的口氣說話的男人，都屬於雙重性格的人，這種人通常在職業上被壓抑，例如學者、醫生、律師、政客……等腦力勞動者居多。

至於說話中從不涉及性方面用語的人，並不表示他們特別純潔高尚，這種人往往是繃著面孔的假道學，與這種人交往，更應特別小心。

相貌堂堂的人，不一定是好人

外表看起來老實，並不足以證明一個人的內心善良，睜大眼睛多加觀察，免得受騙上當，後悔莫及。

「你是否喜歡某某歌星或某某政治人物？」

這個問題所出現的答案呈兩極化的情況可能不少，因為對於這類人物的評價，大家必然有不同的看法。

演藝人員和政治人物有極為類似之處，那就是他們在舞台上展現的態度和風格，往往使人覺得他們很偉大，這種偉大或許就是心理學中所謂「主觀性的大」。看起來之所以變偉大，就是因為其中加入某些因素。若想探尋究竟加入

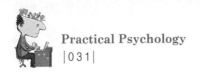

些什麼在裡，必須考慮各方面的條件。

這種使人誤認而表現出來較實際高大、成熟的原因，可說非常複雜，而有時當事者對這種因素也會有所自覺，並善加利用。例如，假藉宗教斂財、詐騙的神棍，便是很明顯的例子。

他們通常並不是身材高大，或看起來多麼具有威望的人，可是初次見面，卻會令人覺得他的體形高大，身上彷彿充滿著某種神奇的光芒。

正因爲他們懂得誇飾自己，看起來往往看起來會比實際上來得高大。

納粹黨領袖希特勒，在全盛時期時也是如此。眞正的希特勒是一個身材矮小的男子，而且是一個對自己矮小身材十分在意的人，然而許多傳說，都將希特勒形容爲一個具有魄力、身材魁梧的亂世梟雄。

某位職業婦女在個很偶然的機會中，與一名男性邂逅。當時，他正倚靠在酒吧的櫃台邊，高大英俊，聲音極富磁性，全身洋溢著男性魅力，她很快就被他吸引，掉入愛的漩渦。

經過一段時日來往後，她終於決定與他成親，於是將他帶回家，介紹給雙親認識，家人對這門親事也都非常滿意，一致贊同。

可是自從結婚以後，他的態度開始逐漸轉變。起初，他時常提到錢的問題，後來變本加厲，經常要求女方拿出大筆金額的錢。

這位女士感到十分納悶，於是一面婉轉拒絕他的要求，一面商請徵信社調查對方的底細，結果發現這名男子是個前科累累的詐欺犯。

外表看起來老實，並不足以證明一個人的內心善良，但是直到目前爲止，我們也無法肯定每個儀表堂堂、風度翩翩的人一定是壞人，因此，遇到這種人的時候，最好睜大眼睛多加觀察，免得受騙上當，後悔莫及。

誇大其詞可以使小人原形畢露

只要你肯花心思，活用一些技巧，就不會因為受制於這些貌似忠厚的小人而大傷腦筋。

實話實說當然是一種美德，但是，當你急於摸清一個人的眞實樣貌，或是一件事情的眞相，單刀直入不一定有效。這時，你就必須懂得誇大其詞。

法國的寓言故事作家兼詩人拉封丹，非常喜歡吃馬鈴薯。

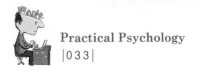

有一天，僕人爲他端來了一個剛出爐的馬鈴薯，拉封丹卻嫌馬鈴薯太燙，於是把它先放在飯廳的壁爐上待涼，便起身去辦別的事情了。

可是，等拉封丹回來時，馬鈴薯卻不見了，便猜想，一定是僕人把它給吃了。於是，他大聲地呼喊：「喔！我的天！是誰吃了我的馬鈴薯？」

「不是我。」那個僕人回答說。

「那我就放心了。」拉封丹裝出一副放心的模樣，鬆了一口氣。

「爲什麼這麼說？」僕人不解地問。

「因爲，我剛在馬鈴薯上加了毒藥啊！」

「不是眞的吧？加了毒藥……那我不就中毒了！」僕人十分地驚慌。

拉封丹知道偷吃的人是誰了之後，便笑著說：「放心吧！我騙你的啦！不這麼講，我怎麼有辦法知道事情的眞相呢？」

想引小偷出洞，有時得「危言聳聽」，攻破人心的弱點，這是寓言詩人拉封丹對付狡詐小人的絕妙技巧。日常生活也是如此，對於貌似忠厚的小人，有時候略施小技，也能使他們原形畢露。

甚至一個轉念和方法的改變，都能讓事情的另一個面貌眞實呈現，只要你肯花心思，活用一些技巧，就不會因爲受制於這些小人而大傷腦筋。

不要讓小動作洩了你的底

由於某種心理因素而產生口腔性格的人，長大成人後，仍然會貪溺於口腔行為的表現。

曾有人請日本心理學家多湖輝列舉令人討厭的男同事特徵，根據他以職業女性爲對象所收集的資料顯示，以下三項高居前三名。

- 咬指甲、咬筆的癖性。
- 香煙濾嘴經常濕漉漉。
- 不斷地咀嚼口香糖。

多湖輝提出的結論是：這些職業婦女們的觀感，可能只是憑著直覺來應答。

這是爲什麼呢？

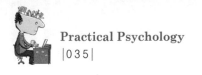

多湖輝指出，這與動物行爲學研究中的「親密性」有密切的關係。

觸摸的心理與生理具有十分密切的關係。人類是一種對觸感抵抗力非常低的動物，可是事實上，我們的生活卻充滿各種觸摸，比如撫摸小孩的頭、與朋友握手，或者彼此視線的接觸……等，均是屬於觸摸的範圍。

其中，視線的接觸，雖然從表面看起來，不屬於觸摸的一種，不過從「親密性」的觀點來說，濕潤的眼睛眨也不眨的注視、睜大眼睛直視，或者轉開視線等，都還是屬於觸摸的範圍。

假設將性交視爲「觸摸」的一種，可能更能體會它所具有的威力！此外，由床舖與我們的關係，或者將小狗抱起來貼在自己胸前，以及把小貓擁在懷中時，也都能夠察覺到觸感隱含的魅力。

許多抽煙的女性，一天經常要抽上好幾根。她們抽煙或許並非眞有煙癮，而是爲了尋求某種觸感，也就是說，嘴唇之間含著香煙所產生的接觸感，實際上乃是心理上的一種慰藉。

那麼，觸摸究竟具備何種心理意義呢？關於這一點，我們可以根據精神分析學的理論來解釋。

幾乎所有的精神分析學者都相信，人類的性感帶是依照口唇、肛門、性器，一貫的程序發展下來的，但是有些人會由於某種精神上的因素，而使發展程序停留在某一階段。

其中，發展停留於口唇階段者，我們稱之爲口腔性格。產生這種現象的原因，是因爲幼兒時期對母親完全依賴的心理所造成，而一直保留至成人的情形居大多數。

也就是說，由於某種心理因素而產生口腔性格的人，長大成人以後，仍然會貪溺於口腔行爲的表現。當然，例外的情形也不少，不過，就整體情況而言，前述職業婦女的直覺的確出乎意外的正確。

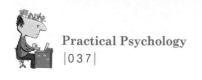

穿著華麗，多半戴著假面具

男性時裝專家的評價，具有十分深刻的心理意義：從心理學角度來看，過分考究穿著的人多半戴著假面具。

想正確地判斷一個人，千萬別只看他的外表，也別只聽他的話語，而要從一些細微的肢體動作著眼。

透過細膩的觀察，我們就可以迅速研判出對方是什麼樣的人，在人際關係中就可以無往不利。

目前，時裝界已經不再是女性獨霸的天下，男性時裝的設計在現今漸漸受到歡迎。由於社會競爭越來越激烈，男性時裝界為鞏固自己的地位，還成立一個類似協會的組織。

有一次世界各地的協會在召開國際性聯合大會時，時裝專家們提出一段非常有趣的言論。

這段言論的主旨是在討論最佳服裝獎的標準，結論是：過分講究打扮或穿著毫無變化者，都不能算是會穿著的人。

許多以講究穿著、注意服飾而出名的人，每次對於隔天所要穿的衣服，往往會花一個小時以上的時間來做準備、考慮。

他們的頭髮永遠都是梳得服服貼貼，並抹上適量的髮雕。西裝上衣的前胸，總是插著與領帶成套的手帕，皮鞋與西裝的搭配也十分考究。

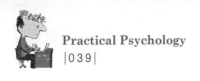

但他們的服飾由男性時裝專家來評判時，成績都是不及格。如果套個最近流行的黑色幽默來看，還有人建議，可以頒給他們最差服裝獎。

總而言之，過分注重穿著的人，實在讓人不敢恭維。我們經常可以聽到有

人批評他人：「那個人確實是不錯，可是他對於穿著太過講究，和他在一起，眞是令人無法忍受。」

這些判斷與男性時裝專家的評價，都具有十分深刻的心理涵義。我們可以先將結論提出來：過分考究穿著的人，依照心理學的角度來看，這種人多半戴著假面具。

假面具在拉丁語中爲*persona*，這個字不禁使我們立刻聯想起英文中的personality（人格），personality的語源是由*persona*（假面具）而來，所以人格往往都戴著假面具。

從這一層意義上來看，電視、電影甚至日常生活中所出現的騙子，服裝大都非常講究，或許就是出於這個原因吧！

PART 2

觀察，就是最好的識人方法

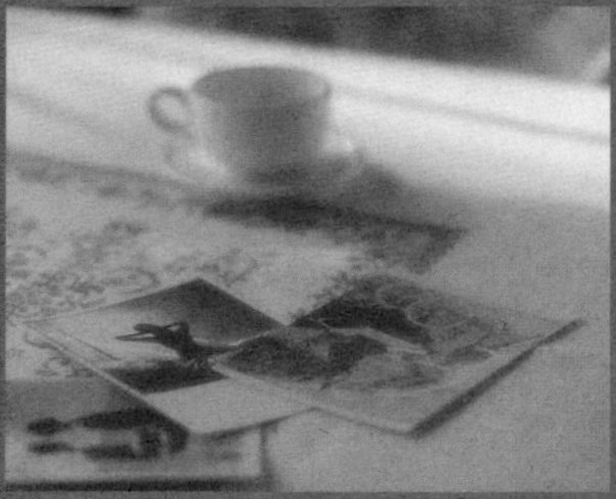

狡滑的人會將會議內容

以及每個人的話一點不差地呈現給高層，

卻不會表明半點自己的看法與觀點。

觀察，就是最好的識人方法

職場如同社會縮影，有形形色色的人，因此最好能摸清身邊上司、同事、下屬的性格，而透過工作態度觀察，就是看穿他們內心的最好方法。

工作佔據了人們相當多的時間，雖然從事的內容不盡相同，但如果對職場的態度與責任心進行分析和研究，就不難發現性格在其中扮演非常重要的作用。

人面對責任時的反應，大致能分成三大類型：

第一種在心理學上稱爲「內疚反應型」，他們一旦發現工作出現問題，不管是否與自己有關，馬上便想到自己應該承擔的責任，結果很容易導致進退維谷，過度憂慮與自責。

第二種是「推卸反應型」，他們遇到麻煩時，會極力推卸責任，想盡辦法找出種種理由把責任轉嫁給他人，常常令同事頭痛不已。

第三種叫「適中反應型」，此類型人居於前兩者之間，遇到該分擔責任的時候，會努力尋找產生事故的原因，並以客觀事實爲依據，勇敢地承擔屬於自己的責任，甚至有時會爲了整體利益而承擔原不屬於自己的責任。

不忙卻裝忙的人，意在掩飾自己工作能力的低下，大都對自身的能力相當懷疑，力圖透過在別人面前裝出一副努力工作的樣子，使同事不至於輕視，但事實上，工作績效卻非常差。爲了掩飾能力不足，保護自己的弱點不被同事或上司發現，他們除了裝忙碌之外，別無選擇。

至於厚己非人的人，懶惰是最大的性格特徵。他們看似認眞工作，每天都非常忙碌，但全都是表面現象，一旦困難當頭逃得比誰都快。此外，總是用異樣的眼光看待其他同事，覺得他們不務正業、欺騙上司，好似誰都沒有如自己那樣熱愛工作。其實，他們最希望得到的是加薪和升遷，但懶惰的他們不會比其他人多做一點，假使眞的有一天多做了一分鐘，一定立刻到處宣揚。

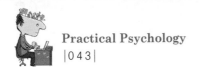

看上司臉色行事的人表裡不一、情緒不穩定，只有當上司在場的時候，才會聚精會神地工作，上司一旦離開，他們的幹勁便無影無蹤。

他們在生活中也是玩著人前一套、人後一套的把戲，用一張僞善的面孔面對周圍的人和事，就是標準的小人。

還有一些個性內向的人，見到長官就會緊張，結果由於分心而使工作效率大大降低，其實這是自卑感所致。

另外，若想認識和了解一個人的性格，還可以從他對工作的態度上進行觀察，展開分析。

一般來說，外向型的人多勇於承擔責任，在工作中，沒有機會的時候會積極地尋找機會、創造機會，有機會的時候，會牢牢地加以把握，因此，他們多很容易獲得成功。

內向型的人在面對一件工作的時候，首先想到的是自己該負擔的責任、後果等問題，總是擔心失敗了會怎樣，所以時常表現出猶豫不決的神態。因爲他

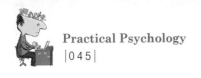

們顧慮的事情實在太多，行動時免不了瞻前顧後、畏首畏尾，最後往往會以失敗告終，空留遺憾。

工作失敗時，不斷地找一些客觀理由和藉口為自己開脫，以設法推卸和逃避責任的人，多半自私又愛慕虛榮，總以自我為中心。

工作上一出現問題就責怪自己，把責任全部攬到身上的人，大多個性非常膽小，有自卑憂鬱傾向。

失敗以後能夠實事求是地坦然面對，並且仔細、認真地分析失敗原因，進行歸納和總結，爭取在以後的工作中不犯類似錯誤，這樣的人才算是真正成熟。他們為人處世態度比較沉著和穩定，具備一定的進取心，因而經過努力之後，多半會取得成功。

職場如同社會縮影，有形形色色的人，因此最好能摸清身邊上司、同事、下屬的性格，而透過工作態度觀察，就是看穿他們內心的最好方法。

從開會風格知人性格

狡猾的人會將會議內容以及每個人的話一點不差地呈現給高層，卻不會表明半點自己的看法與觀點。

無論是在企業、公司、學校或政府機關，開會就像吃飯和喝水一樣司空見慣。踏入社會的人，無論背景如何、資歷如何、身居何等要職，都難以避免出席或主持會議。

會議中，有的人可以在規定的時間內完成程序，而且使與會者明白最終目的；也有的人長篇累牘、喋喋不休，讓所有與會者疲憊不堪，能否達到預期效果和目的則相當令人懷疑。主持會議的成效雖然與主持者自身的修養和知識程度有關，但性格所產生的作用也不能漠然視之。

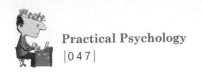

•簡潔明快、豁達幹練的人

這種人快言快語、辦事雷厲風行，對工作與生活都充滿信心，做事前必定精心準備。他們主持會議，也清晰明瞭，內容安排得當，講話時條理清晰，言之有物，令與會者欽佩，可以勝任重要的領導工作。

•說什麼就是什麼的人

這類人有一定的身份、地位和手段，對自己目前擁有的一切滿懷信心，而且堅信將會擁有更多更美好的東西。

他們通常是靠眞才實學爬到現今位置上，頑強的意志力是他們取得成功的保證。做事總是胸有成竹，遇驚不亂，很有大將風度。缺點是總固執己見，不容他人質疑，習慣專斷獨行。

•把會場當課堂的人

這類人的名片上通常印有「專家」兩個字，他們學有專長，常是公司某一項業務的權威。開會的時候，他們會以老師的姿態站在與會者面前，不厭其煩地講解「學生們」不明白或懂得不徹底的理論和觀念，但常常忘記了時間。至於被當作學生的與會者，多半哈欠連天、瞌睡連連。

• 欺下媚上的人

由於近水樓台的緣故，他們與高層、特別是總裁級人物接觸密切，並爲此自豪不已。他們會毫不客氣地用大部分會議時間來噴灑自己的唾沫，滿嘴胡說八道，但又不允許其他人質疑，甚至可能動不動就打斷他人的發言，進行一番無意義的補充說明。

此外，他們反應敏捷，善於阿諛奉承，欺下媚上。

• 做「傳聲筒」的人

「傳聲筒」是對這類人在主持會議時圓滑表現的最好比擬。他們會將會議內容以及每個人的話一點不差地呈現給高層，也會將高層的意見原封不動地放到會議桌案上，卻狡猾地不表明半點自己的看法與觀點，常常讓與會者「靜候佳音」，或表示「會盡力向上司反應」，勸大家「不要急躁，耐心等待」。

・優柔寡斷的人

這類人可能大有發展前途，爲人彬彬有禮文謙卑含蓄，一點也不咄咄逼人，允許其他的與會者暢所欲言，提出自己的觀點。但往往由於在拍板時猶豫不決而難以和與會者達成共識，結果降低了自己的威信，讓下屬心存不服。

・愛耍威風的人

這種人多半居於不高不低的位置，所以非常想往上攀爬，野心勃勃。他們喜歡擺架子，顯威風，總是讓很多不相關的人參加會議，如若人手不夠，還會派部屬到場吶喊助陣，並打著「群衆意願」的幌子中飽私囊。

透過開會表現，可以讓一個人無所遁形，是瞬間看穿一個人的好機會。

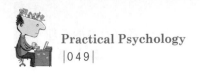

由辦公桌狀態分析工作心態

辦公桌整潔的人，多半有很高的工作效率，他們嚴於律己，特別珍惜時間，會安排相應的工作。

辦公室是職員工作的場所，內部都是與工作密切相關的陳設。由於每件陳設都融入了個人的喜好，所以辦公室裡每一個員工的辦公桌擺設，都可以展現出這個人的性格特徵。

英國心理學家斯蒂恩教授，很多年前就開始研究辦公環境與職員之間的關係。經過長期的實驗和求證，證實了內部陳設（如辦公桌）與職員性格之間確實有聯繫。

辦公桌整潔的人，多半有很高的工作效率，是個很出色的員工。他們嚴於律己，爲著崇高的目標堅持不懈，特別珍惜時間，必定會安排相應的工作，辦事和工作都有條不紊，但是適應能力較差，對於突如其來的變故常常手不及、手忙腳亂，有時候會自亂陣腳，發生錯誤。

辦公桌裡空空如也的人，通常是個急性子，爲了工作方便，也免除工作中得從衆多文件中找資料的麻煩，只會把所需要的資料放在伸手可及的地方。他們通常很有事業心，一般都可以成爲老闆。

辦公桌凌亂不堪的人，必定堆滿文件與檔案，而且恐怕根本就不知道哪些是作廢的，哪些是緊急的。

他們的個性溫和善良，但做事往往沒有計劃、倉促應戰，結果自然大打折扣。他們沒有長遠的眼光，但有較一般人強的應變能力。

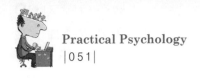

在辦公桌裡放鈔票的人，通常是對任何事情都會產生懷疑的人。他們不完全相信銀行，所以不把所有鈔票都存入銀行，對家庭也不放心，時刻擔心被盜，

但仍會留一些錢用於日常生活需要；對工作地點也不放心，所以辦公桌中只放一點錢。爲了到哪裡都有錢用，他們會在很多地方各存放一些鈔票。

有些人會在辦公桌上存放紀念物，而且琳琅滿目、種類繁多，有兒時的玩具、情人的相片、老掉牙的首飾，甚至還有學生時代的舞會邀請函。他們不善於與外人打交道，也不願意和外人有過多的接觸，經常獨來獨往，但與老朋友聯繫得相當密切。

他們總靠著美好的回憶調劑生活和排遣孤獨，常在夜深人靜的時候獨享愉悅，因爲情感豐富也較脆弱，很容易受到傷害。

不妨看看自己的辦公桌，再看看他人的辦公桌，是否從中接收到有用的訊了呢？知己知彼，才能百戰百勝。

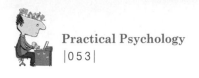

透過處理檔案，看行事是否果敢

無論一個人多希望掩飾自己，仍會有一些真正的個性、思想，在不知不覺間由小地方表露出來。辦公桌的抽屜，就是個好例子。

現代企業一直致力於研究什麼樣的工作環境可以創造出最高的效率，反覆實驗的過程當中，一位效率研究專家發現，員工辦公桌上的檔案，通常可以展現出他們的某些性格特徵。

以下，是幾種普遍類型：

- **認真整理文件的人**

這樣的人不管是桌面上還是抽屜裡，所有的檔案、文件都收拾得整整齊齊，而且分門別類。他們辦事之時條理清晰，有很強的組織和操作能力，所以通常工作效率都很高。

這種人生來責任心強，凡事小心謹慎，認眞負責，而且精益求精。缺點是沒有開拓進取的魄力，創新能力也較差。

・散放文件的人

文件檔不分主次，這裡一堆，那裡一堆，像是要搬家似的。他們辦事較盲目，做工作難以善始善終，而且自我控制能力差，無法調整自己的情緒和習性，也較難適應新的外部環境。

・檔案資料堆放得亂七八糟，每找一份文件都要翻天覆地

工作能力較差，常常事倍功半，辦事缺乏條理性，無法循序漸進，也少有責任心，缺乏持之以恆的毅力。

這類員工應該重新接受培訓，或改做其他與個人能力相近的工作。

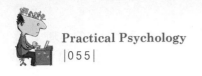

• 亂塞文件的人

不要被乾淨的桌面迷惑，也不要親自查看桌面上是否有灰塵，只要拉開他們的辦公桌抽屜，一切就都可以明瞭了。他們的辦公桌抽屜裡亂七八糟，簡直什麼東西都有，根本讓人分不清究竟是雜貨鋪還是辦公桌。

這種人多半華而不實，雖然機智靈活但喜歡耍些小聰明，常過度注重外表，善於鑽營，不太值得信任。

無論一個人多希望掩飾自己，仍會有一些真正的個性、思想，在不知不覺間由小地方表露出來。

處理郵件可以看出人的個性

喜歡閱讀垃圾信件的人，通常好奇心比較強烈，對新鮮事物的接收能力特別快。「看信」只是小動作，當中卻藏有一番學問，值得探究。

現代社會中，科技發展越來越先進，方便快捷的通訊方式相當普遍，很多時候大家都忘記了還有寫信這回事，透過寫信進行溝通和交流彷彿已是上個世紀前的事情了。

不過，從處理信件的態度來觀察一個人，仍是相當實用的識人方式。

隨著科技的發展，很多人習慣電子郵件聯繫，其實也等同於寫信。

一收到郵件就打開，並在最短時間內回覆的人，時間觀念一般比較強，總

希望盡快把事情做好，然後去做其他事情，同時不希望對方等待得太久。

但也有一種情況，他們只是在信件的處理上表現得積極，因爲寫信的人是自己比較重視的，但在其他方面就顯得散漫隨便，認爲有空再回覆就可以。

接到信以後不開更不看，直接把它丟在一邊不管，繼續做其他事情的人，如果不是存心不看信，就表明工作、學業、生活狀態很忙，時間安排得很緊湊，不是特別重要的信件，自然就會被放在一邊，等到時間充裕的時候再處理。當然，也可能永遠不會有處理的時間。

請別人代自己收信的人，對別人多是充滿信任感的，否則不會容許這種事，畢竟這是屬於比較私密的領域。

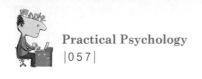

這類人不擅長隱藏自我，會將許多秘密說出來與他人共同分享。人際關係不會太好，但總體來說還算不錯，因爲他們雖然比較以自我爲中心，但爲人慷慨，憑這一點便可以贏得旁人的信任。

收信以後，先看寄信人、主旨，再打開信看信內容的人，生活態度多半比較嚴謹，相對的，做事很有規則性，而且辦事很徹底，承擔下來，一定要盡全力做得很好。

接到信以後進行一番選擇，先把私人信件揀出來，看完以後再處理其他信件的人，多是感情比較細膩，而且特別重情誼的人。

一般來說，這樣的人性格上顯得有些脆弱，時常需要別人的安慰和扶持，這也是對私人信件比較看重的一個重要原因。

若信箱總是滿滿的，顯示人際關係相當不錯，有很多可以用郵件聯繫情誼的朋友。這種多屬外向型人，比較隨和親切，能夠關心人、爲他人著想，很容易獲得信任和依賴。

相對的，信箱總是空空的人，性格多半比較孤僻內向，不太容易與他人進行溝通交流，心裡有很多屬於自己的隱私，不會說出來與他人分擔、分享。這種人性格中的自主意識比較強，做事不太徵求其他人的意見，有自己的獨特主張，常我行我素、走極端，不是過分堅強，就是過分脆弱。

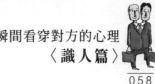

喜歡閱讀垃圾信件的人，通常好奇心比較強烈，希望能夠得到一切自己感興趣的資訊，對新鮮事物的接收能力特別快。由於垃圾郵件通常比較無聊，這也顯示這類人具有一定程度的忍耐力和寬容力。

相反的，一見到垃圾信件就丟掉的人，爲人處世方面比較小心謹慎，有強烈的自我防衛意識，不會輕易相信某一個人。

這類型的人多少有些憤世嫉俗，顯得不夠圓滑世故，與人交往過程中，多少會碰上一些不如意之處。

「看信」只是小動作，當中卻藏有一番學問，值得探究。

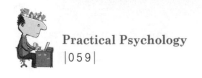

從顏色看穿真實性格

喜歡不同的顏色，顯示了內心的不同想法、偏好、渴望，或許可以說顏色正是洩漏內在真實自我的「密碼」。

每個人都有自己特別喜歡的色彩，並將這種喜好反應到生活和工作的各個方面和不同領域。無論是衣服的選擇，還是傢俱的裝飾，到處都展現著性格折射出的色彩偏好。

愛好紅色，是精力旺盛的體現。這種人喜歡展現自我，有著讓全世界認可自己的願望。容易衝動，做事有時不顧後果，自然免不了因爲挫折而後悔不已，甚至一蹶不振。感情豐富，熱情奔放，好奇心強，這也是他們經常遇到困難的

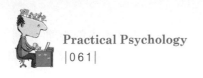

重要原因，別人常常受不了這種毫無顧忌的衝勁。

喜歡棕色的人，往往令配偶既愛又恨。他們忠誠老實，值得信任，而且不會忘恩負義，有自己的安排和計劃，善於管理錢財。但是分配家庭收入的時候，常會與配偶產生矛盾，儘管初衷並不是要讓家人受苦。

喜歡白色的人性格比較單純，追求卓而不群，積極進取。他們做事涇渭分明，講究實際，不容易與陌生人和平共處。

喜歡黃色的人善於隱瞞自我，總是擺出一成不變的面孔，讓人琢磨不透。他們喜歡不受拘束的生活，常按照自己的想法安排日程。

這類人凡事都要求盡善盡美，經常弄得自己精疲力竭，而且脾氣倔強，得理不饒人，不易得到別人的喜歡。

喜歡黑色的人傾向壓抑、消極，但也流露出典雅與威儀。他們缺乏激情、活力，遇事還沒前進便想打退堂鼓，而且總認爲好運氣與自己無緣，對周圍的人和工作提不起興趣。他們不喜歡張揚和引人注目，對待他人十分謹慎小心，會極力避免意外的麻煩。

紅褐色代表安逸祥和，因而喜歡這種顏色的人多容易安於現狀，與世無爭，也沒有排斥他人的傾向，容易與人親近。他們對身邊的人通常言聽計從，不會有太大反抗。

喜愛紫色的人自信又清高，很少出現情緒化的衝動表現。他們的情感淳樸濃烈，但通常秘而不宣，遇上特別難過的事情會一直積壓在心頭，由自己承受，不向外人透露。

喜愛橙色的人積極進取、勇於開拓，堅信多個朋友多條路，所以會用各種方法結交朋友。但這類人容易喜新厭舊，往往把過多的精力用於結交新朋友上面，結果卻忽略了老朋友，眞心實意的知交往往不多。

喜歡粉紅色的人大多舉止優雅，講究禮節，在交際場合中能妥善地掌握行事尺度。他們追求理想、講究外表，具有很高的審美能力。

喜歡綠色的人溫柔多情，善解人意，能夠了解異性的心事和秘密。多半活力四射，能夠迅速從挫折當中振作起來，艱難險阻往往威脅不了他們。喜歡熱鬧但不願意參與，很容易和孩子打成一片。

喜歡以紅褐色搭配灰色的人有很好的人緣，走到哪裡都可以交到好友。他們知道遷就別人，給對方台階下，善於察言觀色。產生衝突時，不會針鋒相對，會待對方心平氣和、恢復理智之後，再找適當的時機表達自己的想法。

喜歡以紫色搭配黑色的人，認爲什麼事都索然無味，漠然置之，不懂得從團體生活中獲得幫助和充實，所以經常是一個人獨來獨往，整天無精打采、鬱鬱寡歡，彷彿到了世界末日似的。

喜歡不同的顏色，顯示了內心的不同想法、偏好、渴望，或許可以說顏色正是洩漏內在眞實自我的「密碼」。

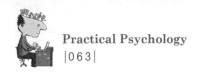

開什麼車，就象徵什麼性格

據心理學家的研究表明，一個人對車子顏色的喜愛，在一定程度上可以反應出自身的性格。

以車代步，是大多數人的共同選擇。

車子是一個人的表徵，開什麼樣的車，除了能夠反應出車主經濟實力的差別外，更可以看出個人品味，以及車主各自不同的性格特徵。

•喜歡進口車的人

這類人有高人一等的心理，對大部分國產車的品質都抱持懷疑態度，愛用國貨、民族主義之類的宣傳號召很難打動他們，基本上他們認爲自己和普羅大衆是有階級差異的。

・喜歡吉普車的人

吉普車使人能夠探訪許多一般交通工具無法到達的地區。開吉普車能把別人拋在車後一團團的灰塵中，並替自己開條新路。這種人就像吉普車一樣吃苦耐勞，甚至可說原本就是爲了吃苦耐勞而存在。

・喜歡豪華車的人

這種人可能很有錢，也可能很窮，不過他希望自己看起來富有，至少表現出與衆不同的形象，這種心理從對衣服的剪裁和房子大小的要求都看出來。

然而，很遺憾的，這類人心中成功的感覺多半建立在他人的讚美，而不是眞正發自內心的自我肯定。

・喜歡敞篷車的人

這種人不想與世隔絕，希望這世界能進入他的車裡，開車時有風輕輕吹過髮稍，有陽光親吻他的臉。

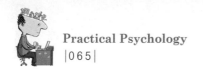

他喜歡敞篷車帶給來的那份逍遙自在，以及男性氣概形象。

・喜歡雙門車的人

別人一進入這種車子的後座，就成了駕駛者的俘虜，因爲沒有出入方便的逃生門。雙門車對於有控制欲的人來說，的確具某種特殊的吸引力。這種人希望控制旁人的生命，而且只要自己輕鬆舒適就好，並不在乎其他。

・喜歡四門房車的人

在這種車裡，每個人都有屬於自己的出入口，可以自由進出。

車主給每個人一個出口，表示尊重他人選擇的權利，即使對方選擇離開，同樣該被尊重。

然而，就因爲他不企圖控制別人、限制別人，反而受到信賴。

・喜歡省油小車的人

隨著油價飛漲，大多數人都希望自己的交通工具能夠經濟省油，所以選擇這類的汽車的人，必定是個腳踏實地的人，但相對的，也有些現實。

對他們而言，青少年那種放縱的日子已經過去了，現在必須穿著得體，舉止優雅。這種人最關心的不是如何獲取身份地位，而是如何保有目前已經擁有的一切，安穩生活。

另外，據心理學家的研究表明，一個人對車子顏色的喜愛，在一定程度上可反應出自身的性格。

喜歡紅色的人具有較強的事業心，對自己充滿自信、對人熱情，喜愛開快車，稍嫌衝動。

喜歡黑色和白色的人屬於工作熱情高的人，萬事追求完美的境界。

喜歡藍色的人做事冷靜，具有較強的分析能力。

喜歡金色的人樂觀、好交際、朋友眾多。

喜歡綠色、銀色的人處事中庸，行事穩當、性格堅強。

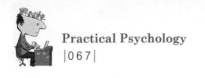

開車習慣與個人性情有關

一個人究竟值不值得信賴，真實性格又是如何？觀察他的駕駛態度和習慣，可以得出一些線索。

一個人控制汽車的方式，其實和控制自己的方式有許多相似之處。如果把車子視爲個人肢體的延伸，那麼開車的方法就是肢體語言的機械化身。一個人在方向盤後的舉動，正反應出當下的心情與處事態度。

一人的駕駛習慣，不脫以下幾種：

・按規定速度開車

對這種人而言，開車不過是到達某個地方的方式，而不是一種求快樂或刺激的過程。這種人守法、守本分，盡自己應盡的義務，絕不做危險動作，通常以平穩、容易控制的速度開車，做任何事情都以中庸的態度行事，即使有很大的把握，也不會驟然冒險。

由於爲人可靠，不馬虎，很適合在公家機關上班。

• 行車速度比規定速度慢

坐在方向盤後面令他覺得害怕，覺得無法操縱一切。這種人總是避免把東西放在自己手裡，碰上有人授權，立刻設法把許可權縮至最小。他們時常嫉妒旁人不斷超越自己，但是自身膽小怕事的個性，卻又讓他們無所作爲。

• 超速行駛

這種人習慣以自我爲中心，不喜歡受制於任何人。個性浮躁，做事大膽、躁進，不允許他人爲自己設限，如果有人企圖這麼做，他會立刻找出極端且可能導致危險的方法，來維護自己的「獨立自主權」。

• 習慣坐後座

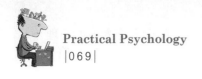

他人的成就令這種人有被威脅的感覺，潛意識裡害怕自己貢獻的心力不被信任與接受。

這種人喜歡獲得別人尊重，希望旁人在做決定之前，都先問問自己的意見，肯定自己的重要性。

• 猛按喇叭

在現實生活中，這種人喜歡大吼大叫、亂發脾氣；表現在馬路上，則是拚命咒罵，使勁按喇叭。

這種人面對挫折的應變能力極差，經常覺得受別人威脅，因而以一連串的高聲謾罵來表達心中的焦慮和不安，發怒程度和所受刺激程度呈正比。這種人做事沒效率，本身也沒什麼能力，卻總是匆匆忙忙，一副忙得要死的模樣。

• 開車不換檔

這種人希望所有事情都能安排得好好的，比較喜歡尋找獨特的生活方式，即使遭遇困難，也很少向旁人請教。沒有人會告訴他該往何處去，常常是他告訴別人該怎麼做，一副先知的架勢，常憑直覺行事，但應變能力極差。

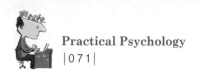

・綠燈一亮就搶先往前衝

凡事比別人搶先一步是他們的生存方式。

這種人喜歡勝利的感覺，因爲不願被烙上失敗者的標記，所以總是積極過頭，深信有足夠競爭力才能夠成功。這類型的人把任何事情都視爲競爭，參與競爭時不是向前看，而是向後看，想知道別人離自己還有多遠。

・綠燈亮後最後發動車

這種開車方式很安全、有保障，用不著和他人爭先恐後。這種人的觀念是：只要不鋒芒畢露，就不會遭人拒絕或受到傷害。同時，他們把這個觀念也用在其他地方，總讓他人先走，只求安穩度日。

・不肯學開車

不學開車的人有兩種極端，一種是極端自信，不受外物支配，另一種則是極端自卑，很容易置身於依賴和無助的情境中，導致增加自卑感，因爲行事總是受制於他人。

一般而言，以後者居多。後者在生活的各個領域中，也習慣退居積極者的背後，任由旁人左右著自身的一舉一動。

• 永遠沒有駕照

這種人喜歡告訴別人他要怎麼做，但做出來的成果，卻往往與先前所說的相距甚遠。不過，只要有足夠的刺激，最後還是會把事情做完。這類人總把自己想像成贏家，但心中卻暗自害怕會輸，滿口天花亂墜的言辭，但行爲卻很消極。拖延戰術不但已經變成一種習以爲常的行爲，甚且已經形成了慣性。

一個人究竟值不值得信賴，眞實性格又是如何？觀察他的駕駛態度和習慣，可以得出一些線索。

PART 3

手指發出的訊號最不會說謊

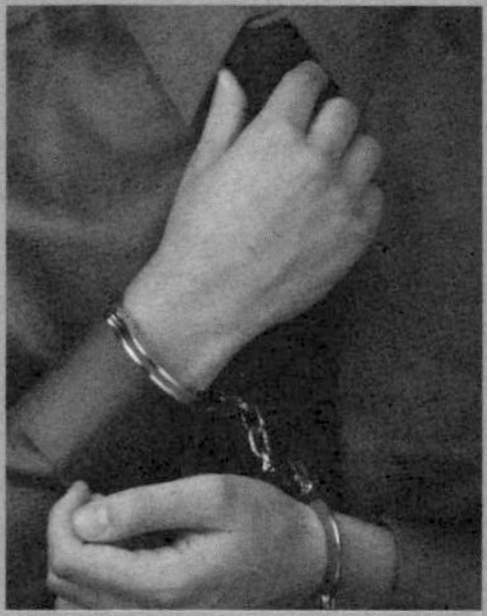

與奮的舉動，

在一般的場合下都是通過手來表達的。

揮著拳頭，或者不斷用手指相互摩擦，

無意識當中都表達了自己的意思。

玩弄身邊的東西，表示想緩解壓力

人為了緩和緊張的心情，時常會無意識地擺弄起身邊的東西，如果身邊沒有可以觸摸的東西，就會用手撫摸頭髮或者是抓頭。

我們在咖啡店裡常常看到有人不斷擺弄杯子或者是毛巾，這樣的人是處於什麼樣的心理狀態呢？

其實，這是心理緊張，想要獲得舒緩的象徵。

人爲了掩飾自己緊張的心理狀態，或是擔心別人知道自己某個不欲人知的弱點，在許多場合之中，經常會一邊客客氣氣說話，一邊頻頻觸摸身體的某些部位，或是玩弄身邊的東西。

這種時候所說的話，通常都是空話或假話，不必太過當眞。

人如果覺得緊張，就會無意識地想要讓手動起來，所以在咖啡店裡聊天的時候，如果對方開始玩弄起毛巾，那麼就意味著對方一定覺得有什麼東西讓他感到緊張，玩弄毛巾就是想要緩和一下這種緊張的心情。

人爲了緩和緊張的心情，時常會無意識地擺弄起身邊的東西，這是所謂的「反射性行爲」，如果身邊沒有什麼可以觸摸的東西，那麼就會用手撫摸頭髮或者是抓頭。這些動作其實也是表達同樣的意思。

不過，緊張的狀態也有程度上的差別，有小小的緊張，也有很緊張的情況。在第一次見面的人面前，如果你心裡想著：「差不多要結束談話了吧」，並在心裡盤算著結束的時機，這種時候一定也是很緊張的，於是可能會無意識地擺弄放在桌子前的名片。

沒有意識到自己不斷撫摸頭髮，或者在不吸煙的人面前不斷抽煙，這些也都是緊張的表現，目的就是想要緩解壓力而已。

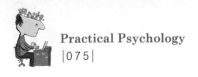

踩到口香糖，會反應心理狀況

踩到口香糖就馬上緊張地把腳彎起來看鞋底的人，雖然會仔細分析失敗原因，但是和周圍的人相處比較沒有協調性。

在馬路上踩到口香糖的時候，會轉過頭去看自己抬起來的腳，這樣的動作表現了怎樣的人格特質？在路上踩到不知是哪個缺德鬼吐的口香糖，的確是一件讓人很討厭的事情，許多人的第一反應是：「糟糕！」而從不同的反應中，也可以一定程度地了解一個人的內心世界。

轉過頭去看自己抬起來的鞋底的人，比起自己踩到口香糖，他們更在乎周圍人的看法。譬如說，如果這樣的人急急忙忙趕到公車站，卻看到公車在自己面前關上了門，那麼他們一般會裝出若無其事的樣子，心裡想著：「反正我也沒有什麼急事一定要搭上這班汽車」，然後看著公車離開。

相反的，如果一個人踩到了口香糖就馬上緊張地把腳彎起來看，那麼，他們更在乎踩到口香糖這件事情。這類型的人如果碰到自己要搭的公車正巧開走的情況，一般都會上前去敲門，並且態度很不好。

不管是哪種類型的人，都各有自己的長處和短處。轉過頭去看自己抬起來的鞋底的人，雖然會不斷重複犯過的錯誤，但是一般較有協調性；而踩到口香糖就馬上緊張地把腳彎起來看鞋底的人，雖然會仔細分析失敗原因，不讓錯誤再次發生，但是和周圍的人相處比較沒有協調性。

有的年輕女性不小心踩到口香糖時，馬上就彎起腳，並用雙手握著腳踝，只用另外一隻腳蹦蹦跳跳的，且一邊說著：「眞討厭，眞是的。」

這種模樣雖然會讓人覺得很好笑，但是也會讓人覺得她們很努力地在加油著，甚至還可以讓人覺得她們很可靠。

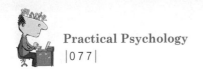

拿雨傘的方式，會流露人的心思

橫著拿雨傘是非常讓人覺得不高興的事情。這樣拿雨傘的人，對待外界過於冷漠，不會注意周遭的人、事、物。

在這個不懂得自我包裝，就無法將自己推銷出去的社會，想知道對方究竟是怎樣的人，千萬別被洋洋灑灑、圖文並茂的「履歷表」迷惑，而要從細微之處觀察他的言行舉止。

只要靈活解讀對方肢體語言，你就可以擁有一對瞬間讀懂人心的慧眼，一眼看穿對方的本性。

透過拿長柄雨傘走路的方式，也可以看出一個人的心理。

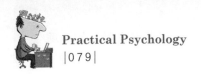

當你拿著雨傘的時候，一般會採取什麼樣的方式呢？

有著叛逆心理的年輕人可能會把雨傘柄插在褲子的口袋裡，心理覺得：「我才不想拿著這麼老土的東西呢！」

大部分的人一般會拿著雨傘，並儘量不讓雨傘柄碰到地上，如果像小學生那樣拖著雨傘走路，會顯得很不體面的。

下雨的時候，有的人會把淋濕的雨傘用超市的塑膠袋裝起來，會這樣做的大多是中年婦女，甚至有的中年婦女還一個人帶了三把雨傘，下雨的時候就把多餘的傘借給一起出門的人。

可以看出，這樣的人很善於幫助別人，不過，一般這樣的人總是想處於領導地位，而且可能會有一些囉嗦。

有的人則是用提著公事包的手夾著雨傘，或是把雨傘橫著用手抓，這樣做的人大部分都是男性，而且是從來沒有考慮過要怎麼拿雨傘的人。

通常，這樣的人除了工作以外，對任何事情都沒有興趣，是典型的工作狂。而拿著雨傘好像是拿著刀劍一樣的人，可能是想像武士一樣裝腔作勢，這樣的人一般都是從小玩竹棒打鬥的中年人居多。

不過，如果在人很多的場合還採取這種拿雨傘的方式，那麼很可能會傷害到別人，至少也會讓周圍的人覺得很不愉快。尤其是在公車上，如果前面的人這樣橫著拿雨傘，會讓後面的人覺得很危險。

這的確是非常讓人覺得不高興的事情。這樣拿雨傘的人，一定都不在意周圍的人，或許他們是工作專心的人，但是對待外界過於冷漠，不會注意周遭的人、事、物。

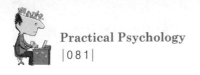

手指發出的訊號最不會說謊

興奮的舉動，在一般的場合下都是通過手來表達的。揮著拳頭，或者不斷用手指相互摩擦，無意識當中都表達了自己的意思。

人的自律神經是大腦無法控制的自動裝置，一受到外來的刺激，自律神經馬上就將它傳達到身體各部，同時在潛意識中表現出許多舉動來，而這些微妙的變化，就是我們進行觀察之時必須把握的重點。

說話的時候會用手指指著對方的人，心理是怎樣的呢？

前俄羅斯總統葉爾辛說話的時候，總是習慣用手指指著對方，這樣的動作表示想要對對方的情況進行壓制，因此手指著對方說話。

很多人都有這種習慣，從行爲心理學來說，這是對對方發出的「恐嚇信號」，意思是「你要服從我」。

當然，下屬對上司是不會做出這樣的動作的，這種舉動只會出現在對方的地位和自己同等或者地位比自己低下的場合。

但是，爲什麼用食指指著對方說話，是表示「你要服從我」的意思呢？

這是因爲對對方伸出食指，是想給對方留下自己好像是拿著刀子威脅對方的印象，讓對方感到自己像被武器脅迫一般。當然，被動的一方會感覺到壓迫感，並沒有愉快的感覺。

這樣說話的人通常沒有考慮到對方的感受，只是想強硬地讓對方執行自己的指示，或者說是對自己的言行充滿了自信。但不管是出於何種原因，如果被對方用食指指著，聽話人一定不會覺得心裡好受。

至於幹勁十足地摩拳擦掌的人，又是怎樣的心理呢？

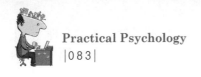

幹勁十足地不斷摩拳擦掌，表示一個人很有自信，馬上就想要投入自己想做的事情當中。

興奮的舉動，在一般的場合下都是透過手來表達的。揮著拳頭，或者不斷用手指相互摩擦，這些動作無意識當中都表達了自己在做準備動作的意思，也可以說是「意圖運動」。

這樣的動作很像馬要起跑之前，會用前腳不斷掘土。例如，參加會議之前，認為「這個計劃今天一定要通過」的時候，就會在會議開始之前的談話當中，無意識地做出摩拳擦掌的動作。

只要通過這樣的動作，就會讓別人感覺「今天好像很有信心」，雖然表面裝做要緩解一下壓力而和大家聊天，把話說得客客氣氣，但是在心裡卻決定，在會議上如果碰到反對意見的話絕對不會讓步，但這樣言不由衷的心理卻會通過手指表現出來。

不滿意是因為充滿壓力

處於擁擠的城市裡、狹小的環境中，當然會堆積壓力，於是充滿壓力、對環境不滿意的人就會變得沈默起來。

並沒有什麼急事，卻急著在電扶梯上行走的人，表達什麼心理呢？

在電扶梯上行走的人並不一定都是性急的人，競爭心理很強、不服輸的人也經常會在電扶梯上行走。這樣的人總是想要不斷超越在電扶梯上佇立的人，並從中感覺到快感；如果他能夠走在對方前面，就會獲得勝利般的喜悅心理，一旦落後了就很懊悔。

這種人不管在什麼地方都會發揮自己的競爭心理，如果在工作上不能勝過對方的話，就會想要在戀愛方面找到比對方戀人更好的人，以此來勝過對方。

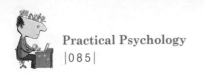

這樣的人不在意在什麼樣的場合，也不在意是不是自己一廂情願，只要自己能夠「贏了那個人」就可以了。

雖然不過是自我滿足罷了，但這樣的人會不斷尋找能使自己感到滿足的事物，並且非常討厭失敗。然而，生活中的失敗挫折是難免的，也許，他們只能在電扶梯上享受不斷超越別人的快感吧！

在擁擠的電梯或者車廂裡一言不發的人，又是怎樣的心理呢？

在巔峰時間的車上搖搖晃晃的人們，或者在擁擠的百貨公司電梯裡面的人們，一般都沈默著，而且還擺出一副很不滿意的臉孔。

僅僅用工作很辛苦來解釋這點是不夠的。心理學家指出，從人和人之間的距離可以瞭解彼此的親密程度，而在上下班的巔峰時間，人們所表現出來的不滿意的表情，和與對方的距離太近有很大的關係。

不管是誰，都會在無形當中在自己的周圍建造看不見的圍牆，這就是所謂的「個人空間」，這個個人空間並不是以身體爲圓心，半徑多少距離的圓形空

間，而是前面會比較寬闊、後面比較狹窄的空間。

根據一個研究顯示，所謂的個人空間，前方大約有一百六十公分，後面大約有四十公分，左右大約分別有八十公分，這樣的一個空間，就好像是一個雞蛋的形狀，而能夠進入到這個範圍的都是很親密的朋友，一旦不認識的人進入到這個範圍內，就會讓人產生緊張感。

我們在日常生活當中，總是會下意識控制與和對方的距離，製造出個人空間，並根據距離的測量來決定要前進還是後退。

但是，在上下班巔峰時間的車廂裡，或者是在擁擠的電梯裡面，就沒有辦法做到保持自己的個人空間。本來，進入到這個個人空間的應該是戀人或是配偶，但是現在卻是一些不認識的人進入到自己的「親密距離」裡面，而且自己還沒有後退的餘地。

這就是人們臉上表情總是一副不滿意模樣的原因。其中，既有自己的個人空間被對方侵入的不愉快，也有進入到不認識的人的個人空間，覺得不舒服的心情。這些心情混合在一起後，內心就處於一種忍耐狀態，而在這樣的狀態下，是一定會聚積壓力的。

因爲自己被關閉在一個閉塞的空間裡面，一直在忍受著自己意志不能夠控制的客觀環境當中，所以一旦到達目的地或者從電梯裡面出來時，一定會有一種很輕鬆的感覺，表情也一下子變得愉快起來。如果我們稍微觀察一下那些從封閉的空間解放出來的人，一定會發現他們的走路方式是儘量想要恢復自己的個人空間，而和別人刻意地保持距離。

都市人不管是走路的速度還是行進方向，都想要在自己的身邊創造出一個屬於自己的個人空間，而這實際上也顯露出他們心中堆積了壓力。處於擁擠的城市裡、狹小的環境中，當然會堆積壓力，於是充滿壓力、對環境不滿意的人就會變得沈默起來。

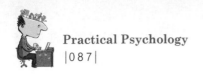

閉著眼睛是為了適應環境

人不管在什麼樣的環境中，都會用自己的意志來改變自己適應環境，而其中一種下意識地要去適應環境的動作就是閉起眼睛。

一部成功的電影除了演員的演技必須精湛之外，「眼技」也相當重要，許多扣人心絃的影片中，演員眼睛轉動的迅速與犀利的目光，常常令人激賞。

在日常生活中，巧妙地使用眼神，也具有相當的交流作用，各種不同種類的眼神，都分別意味著傳遞某一種感情或消息。眼睛轉動的方向有異，帶給人們的感覺也就不同。

例如，視線流動不定的人，意味內心世界起伏不定或者正在說謊。

視線可以相當明確地表示出我們的自我意識，譬如當我們睜開眼睛看一會然後又閉上，這種姿態就含有保護警戒的意味。

在擁擠的公車或捷運車廂裡面，有人根本就不想睡覺但還是閉起眼睛，這樣的人心理是怎樣的呢？

在擁擠的電車裡面，根本就沒有睡覺的意思卻還是閉著眼睛，或者是埋頭讀書，這樣的行爲也和「個人空間」有很大的關係。不管是哪一個動作，都是覺得既然沒有辦法爲自己製造出一個個人空間，那麼就只好儘量想辦法消除自己被封閉在狹小擁擠空間裡所造成的不愉快心情。

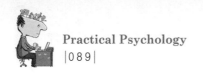

貓受到驚嚇的時候會想躲到黑暗的地方，即使僅僅只有腦袋縮到暗處也好。或許，從人類的角度來看，貓僅僅把腦袋藏起來而把身體留在外面，看起來就像笨蛋一樣，但是對貓咪來說，處於沒有東西可以隱藏的環境中，至少也要讓自己看不到對方，並以此獲取安心的感覺。

人不管在什麼樣的環境中，都會用自己的意志來改變自己適應環境，而其中一種下意識地要去適應環境的動作就是閉起眼睛，因爲閉上眼睛，就可以不去看周圍那些不認識的人。

而在閉著眼睛的時候，有的人也有可能閉著閉著就睡著了，但不是所有人最初都是想睡覺才把眼睛閉起來的。

在車上看書或是看報紙也是同樣的行爲，有的人在上下班的巔峰時間在車上專心看書、讀報，是因爲如果想不去理會製造壓力的閉塞空間，那麼就只好把自己的注意力集中在書本當中。

因此，在上下班的巔峰時間，讀一些比較艱深的專業書籍可能會更適合，這樣一來，早上的巔峰時間也有可能會變成學習的時間。

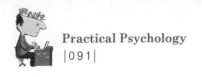

腳尖比嘴巴更不會說謊話

想要避開對方時，腳尖會朝著旁邊，特別是和對方並排而坐時，這樣的傾向會更加明顯，因為這是一種無意識的「拒絕信號」。

新一代的肢體語言研究專家認爲，觀察腳尖比起嘴巴更容易看出一個人的內心世界，也更容易判讀一個人是否在說謊！

在交際應酬的場合，即使對方微笑著對你說「認識你實在是一件讓人非常高興的事情」，你也不要過於輕信，因爲人總是能夠輕易地說出違心之論，睜著眼睛說瞎話也不足爲奇。

如果對方是一個你覺得很可疑的人，那麼你在聽對方說話的時候，最好像肢體語言研究專家所強調的，先觀察一下對方的腳尖。如果對方的腳尖是工工整整地向著你的話，這就代表對方說的是眞話；而如果腳尖是橫著放的話，那麼很可能對方說的話只不過礙於場面隨便說說，和他心裡想的不一樣。

當我們想要避開對方時，首先腳尖會朝著旁邊，特別是和對方並排而坐時，這樣的傾向會表現得更加明顯，因爲這是一種無意識的「拒絕信號」。

這種觀察方法，不僅在交際場合適用，也可以運用在男女交往。

你的戀人到底對你有什麼樣的看法呢？如果你一直都無法確認的話，或許可以透過腳尖來確認，觀察一下當你們一起並排坐在公園的長凳上時，她的腳尖是朝向哪個方向的。

女性不想要傷害對方的時候，反而不會說實話，而會更平靜地說出心裡面根本就不存在的想法。即使她說出好聽的話語，但腳尖沒有朝向前方的話，那麼你最好不要相信她嘴裡說出的正是她心裡面所想的。因爲，腳尖比起人的嘴巴更能表現出一個人的內心世界。

透視男人的「戀母情結」

很多人有經常用手指頭觸摸嘴唇的習慣，這種動作也和吸吮手指具有同樣的意義，這是一種戀母情結的象徵。

咬著指甲的人，他們的心理是怎樣的呢？

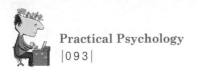

不知不覺地咬手指甲是一個不好的習慣。不管是男性還是女性，有咬手指甲的習慣就是留戀嬰孩時代的證據，心理學家說，這是把嬰孩時代吮吸手指的動作用咬手指甲來代替。

正因爲吸吮手指是吸吮母親乳房的代替方式，因此在別人面前吸吮手指頭，就表示想要吸吮母親的乳房，這種不雅的行爲彷彿在向外界宣告：我還不是一

個成熟的大人。

當然，在現實生活當中，幾乎沒有人會旁若無人在別人面前咬手指甲，不過，卻有很多人有經常用手指頭觸摸嘴唇的習慣，這種動作也和吸吮手指具有同樣的意義。透過用手指觸摸嘴唇這樣的動作，來獲得被母親抱在懷裡的安全感，這是一種所謂的「親密行動」。

也許，有人會這樣說：「有這種戀母情結的人只是少數而已。」不過，心理學家指出一個很有趣的現象，那就是不管如何偽裝，有「戀母情結」的人還是會無意間表現出來。例如，他們會特別喜歡那種霜淇淋已經融化了一半的飲料。

用稍微粗一點的吸管吸一般液態飲料的時候，不會有很懷念的感覺，也不會沈浸在幼時的回憶裡面，不過，據說用吸管吸那種霜淇淋已融化一半的飲料，與吮吸母親的乳房是同樣的吮吸方式的。

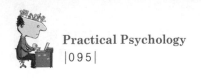

至於用雙手抱著膝蓋坐著，代表的心理狀態也大致相同。

如果一個女性用雙手抱著膝蓋坐著，那就代表她是想用她的全身來向外界傳達她內心的寂寞。有這種坐姿的女性既不是想睡覺，也不是覺得寒冷，而是覺得寂寞，這樣的坐姿是女性特有的典型「自己親密行為」。

但是，如果一個成年的男人也出現這種行為，那就代表著他的內心有某種程度的「戀母情結」。

很小的孩子在表示自己寂寞的時候，也會採取這樣的姿勢。我們常常見到這樣的場景：回到家的孩子發現家裡沒有人在，而自己也沒有帶鑰匙，於是只好坐在門口，這時候他們一般就會採取這樣的坐姿。

用雙手抱著膝蓋的坐姿，代表當人們覺得寂寞的時候，幼兒時期的天性就會無意識地表露出來。

時常低頭，會被認為是豬頭

打招呼的時候低下頭是一種表示謙虛的行為，但如果一個人一直對著別人低頭，會被大家譏笑為「卑微藐小的人」的。

有的人比較缺乏肢體語言，但是在很多場合我們爲了明白對方是不是在說謊，卻拚命想從對方不經意流露出來的肢體語言來猜測對方的心思。

不過，要從對方不經意的動作中讀懂對方的心思需要多加注意，仔細感受對方動作所發出的信號，並注意當中的含義。

我們經常因爲感受不到對方發出的信號，而更努力的想要弄懂對方的心思，因此常一不小心注意過頭，如此一來，反而會讓對方感到過大的壓力，最終造

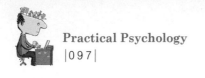

成雙方不必要的誤會。在打招呼的時候，有的人會低下頭，這是表示了什麼樣的心理呢？打招呼就打招呼，爲什麼要低頭呢？

這是因爲縮著身子會讓自己看起來比對方矮小，這是在向對方表示「我只是一個微不足道的人而已」的意思，是一種「服從行爲」。另外，低頭也是表示毫無防備的姿勢，和投降的時候會高高舉起雙手一樣，都是表示自己並沒有惡意，表示對對方服從的心理。

行爲心理學家認爲，低頭和鞠躬是處於劣勢的人，希望引起處於優勢的人注意，而產生的一種表示「服從」的動作。

有的人會認爲，打招呼的時候低下頭是表示謙虛的行爲，但如果一個人一直對著別人低頭、鞠躬的話，會被大家譏笑爲「卑微藐小的人」的。

此外，在職場上，遇到層級比自己高的上司就忙不迭地彎腰，也會被認爲是個逢迎拍馬、別有居心的人。

PART 4

性格不同，紓壓方式就不同

用睡覺放鬆自己的人多半很聰明而且實際，

無論在什麼時候都知道自己的目標，

並且會努力尋找最快捷的方法。

名片就是個人的品牌

見到人就遞自己名片的人，大多有十分強烈的表現欲望，喜歡把自己擺在顯眼的位置上。

名片是人們在交際過程中必不可少的媒介，可以說是讓他人認識自己的一個視窗，甚至囊括了一個人一生的成就和所得。

透過名片觀察人，正是一種識人的方法。

喜歡在名片上用粗大字體印上自己名字的人，多半表現欲望強烈，總是不時地強調自己、突顯自己，以吸引他人注意的目光。

這種人的功利心一般都很強，但在爲人處世方面卻表現得相當平和親切，

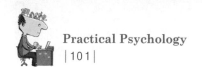

具有紳士風度。

他們擅長使用某些手段來達到自己的目的，外表和內心經常不一致。表面上，他們相當隨和，但實際上，也有很強的個性，不容易讓他人眞正地靠近自己。他們善於隱藏自己，爲人處事懂得見機行事，而且能把握分寸，使所作所爲都恰到好處。

不在名片上印任何頭銜的人，大多個性較強，討厭一切虛僞、虛假、不切合實際的東西。他們並不十分看重自己的身份和地位，也很少考慮別人對自己的看法，只喜歡按照自己的意願做事情，不願受到支配和調遣。與此同時，他們也很少對別人發號施令。

這些人具有超乎一般人的想像力和創造力，所以經常會有所創新和突破。

名片的紙質、形狀和色澤都顯得相當另類的人，說明他們的表現欲望也相當強，而且喜歡賣弄。

他們大多崇尚無拘無束、自由自在的生活，喜歡做什麼就做什麼。這種人大多頭腦靈活，有不錯的口才，但習慣於獨來獨往，所以除了切身相關的東西以外，對其他任何事物都很難產生濃厚的興趣。

他們好惡分明，所以經常會招惹麻煩。在人與人的交往中，缺乏足夠的協調性，人際關係並不是很好。

喜歡用輕柔紙質製作名片的人，多半性情溫和，說話很有禮貌，而且用詞也很文雅。他們的思想浪漫，常期望有一些浪漫的事情發生，一般來說具有很強的審美觀念。

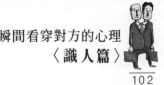

他們不太容易與人發生爭執，在條件允許的情況下，會盡力原諒對方，比較富有同情心，經常幫助和照顧他人。但這類型的人性格不算太堅強，意志有些薄弱，常會爲自己帶來失敗和麻煩。

在名片上附加自己家裡住址和電話的人，大多具有較強的責任感，否則不會費功夫做這樣的事情。與此相反，恰恰有許多人爲了逃避工作上的麻煩，拒絕透露自家的住址和電話。

喜歡加亮膜，使名片具有光滑效果的人，外表上看起來多顯得熱情、眞誠和豪爽，與人相交十分親切和善，但這可能只是他們交往中慣用的一種敷衍手段，實際上，虛榮心相當強。

在名片上印有綽號和別名的人，叛逆心理太多比較強，做事常無法與其他人配合。他們爲人處多半比較小心和謹愼，但有些神經質，心中常常會冒出一些無端的猜疑，質疑別人的同時也懷疑自己。

這種個性使他們很容易產生自卑感，一旦遇到挫折和困難，缺乏足夠的信心，只想妥協退讓。從某一方面來講，不但沒有太多的責任心，還會想辦法逃避自己該負的責任。

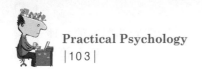

同時持有兩種完全不同名片的人，除了本職所從事的工作以外，大都還有另外一份職業，可見得精力相當充沛，同時也具備一定的能力和實力，可以同時應付好幾件事情。

他們的思維和眼光較一般人要開闊，能夠看得更遠一些，常會有些深謀遠慮的策略和想法。由於興趣相對較寬較廣，所以懂很多別人不懂的東西，創造力很突出，常會有驚人之舉。

經常以「名片用完了」之類的話表示歉意的人，大多對生活和事業缺乏長遠的規劃部署，爲人處世缺少必要的沉著冷靜，顯得輕率膚淺。而且因爲無法很好地處理各種人際關係，讓旁人對他產生戒備心理。

不分時間、地點和場合，見到人就遞名片的人，大多有十分強烈的表現欲望。他們喜歡把自己擺在顯眼的位置上，讓所有人都能看到。見人就發名片，正是這種性格淋漓盡致地表露，他們把自己的名片當成了宣傳單使用。

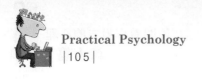

這類型的人多半有強大的野心，但很少輕易表露，在一言一行上都顯得小心翼翼，但若是細心觀察，還是能夠看出潛藏野心的存在。

經常若無其事地掏出一大堆別人名片的人，目的是爲了誇耀自己，希望他人能夠對自己另眼相看。

這類型的人自我意識多比較強，總是以自己爲中心，容易自以爲是。他們的社交能力、組織能力相當好，具有不錯的口才和充沛的精力，因而辦事成功的機率相當大。

下一回，接過名片時，不妨多看幾眼，說不定可以得到更多訊息。

從記事本使用方式看出交友態度

想了解一個人，想知道對方的真實性格，以及對方的交往態度，不妨從觀察通訊記事本開始。

由於名片和手機通訊錄的廣泛使用，使記事本有被社會淘汰的趨勢。但是對許多人來說，還是一種非常重要的生活用品。名片總是有用完的一刻，手機沒電就無法查詢資料，所以記事本仍有一定的功用。

另外，從一個人使用記事本的方式，也可看出他的性格。

使用昂貴記事本的人，頭腦多半很清醒，知道這一生不能光靠單打獨鬥，一些能夠給予自己幫助的貴人是必不可少。

選擇這樣的記事本正是爲了提醒對方自己對他們珍視的程度，同時也向他們保證會極力維繫彼此間的關係。

有些人喜歡使用廉價的記事本，最大的優點就是隨時都可以丟掉而不感到半點可惜，通常來自「十元商店」或公司贈品。

他們對記事本的態度，與對同事和朋友的態度沒什麼兩樣，輕輕鬆鬆地來，簡簡單單地去，絕無拖泥帶水地留戀。

正因爲他們容易忘記別人，別人同樣不會對他們依依不捨。他們喜歡新鮮的東西、住處、工作、朋友和情人。

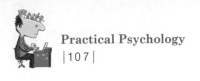

使用皮夾或皮包式記事本的人，常會莫名其妙地不安，生活中的很多事情都讓他們畏縮不前，比如到新的公司工作、去拜訪一個權威人士、到醫院檢查身體……等等。

所以，他們更加需要記錄詳細、分類清楚的皮夾式筆記本，以得知哪個朋友可以幫助自己渡過難關。

對他們而言，懷揣著這樣的記事本，無疑等同擁有了一顆定心丸。

每年都更換通訊錄的人，多半將有用的人轉到新的通訊錄上，沒有用的人連同舊通訊錄一同丟進垃圾桶，因而會給人勢利的感覺。

這種做法雖然讓人覺得現實，但其實正是誠實的表現，顯示他們不會做虛偽的事，向來都將眞實的自我呈現在大眾面前。

珍藏通訊錄的人，是將昔日所有的感情都歸結於歷史。儘管彼情誼已經消失，但依然希望能夠再度擁有；雖然大家已經各奔東西，但還是興致勃勃地在有空的時候聯絡故友，特別是舊情人。雖然有時會被拒絕，但對其他人還是深情依舊，是十分重感情又念舊的人。

沒有通訊錄，口袋中只有縐縐巴巴的紙團記錄著一個電話號碼，或是看過的書中夾著一張寫著電話號碼的紙條，甚至手上隱隱約約寫著昨天記下的號碼。這樣的人，其實不僅電話號碼漫天飛，其他生活用品諸如襪子、鞋子和髒衣服等更是觸目皆是。

也許他們是爲了工作而無暇顧及身邊瑣事，但這種做事無條理的態度，也多使他們的理想無法變成現實。

想了解一個人，想知道對方的眞實性格，以及對方的交往態度，不妨從觀察通訊記事本開始。

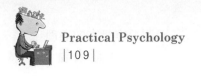

生活品味決定了購物方式

看目錄購物的人，做任何事都喜歡按照一定的規律和計劃完成，否則可能會感到手足無措。

去商場、超市購物，幾乎是每個人每天都會做的事，付出一定的金錢就可以得到自己想要的商品，這是一種交易。

雖然都是在做同樣的交易，但不同的人卻有不同的方式。透過觀察一個人的購物方式，也可以對人的性格進行分析。

請別人代自己購物的人，大都是將時間安排得非常緊湊，工作和學習非常繁忙的人。在他們看來，購物算不上一件什麼大事，不值得自己抽出寶貴的時間親力而爲。他們在爲人處世等各個方面多半比較保守、傳統，但會儘量使大家對自己的表現滿意。

在商品打折時選購物品的人，多半比較現實，懂得精打細算，甚至有點唯利是圖。他們的個性固執，遇事雖然會與他人協商，但最後卻會頑強地堅持自己的觀點不放。

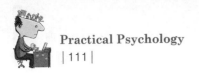

看目錄購物的人，組織性、原則性強，做任何事都喜歡按照一定的規律和計劃完成，否則可能會感到手足無措。這類人比較健忘，所以需要有人不斷提醒他們在什麼時間該做什麼事情。由於隨機應變能力並不強，偶發的事件常讓他們無法接受。

喜歡全家人一同出外購物的人，多有較傳統和保守的價值觀，家庭在他們的心目中居於無可替代的地位，心中有著強烈的責任感和深深的依戀。家庭很可能是一切行爲的最基本出發點，強烈影響他們行爲處世的習慣，而他們的家庭狀況也非常和睦。在外人看來，這樣的人整天圍著家庭轉，生活似乎太乏味了，但他們自己卻很滿足於目前的生活。因爲生活態度非常實在，選購的物品多半既經濟又實惠。

需要的時候沒有，不需要了以後才購買的人，似乎在任何一方面的行動都比別人慢一拍，但他們並不爲此而惱火。他們的表現欲望很強，希望自己能夠引起他人的注意，所以時常會故意耍一些小伎倆。

會花一整天時間購物的人，個性多半比較開朗、樂觀，常常沒有理由地就感覺心情不錯。他們爲人處事比較有耐性，總是能夠找到很多理由和藉口安慰自己，堅持到最後。

他們有強大的野心，常常會爲自己設定許多遠大的理想和目標，並且實現理想的態度也相當積極，可是嚮往的那些理想和目標，從某種程度上來說並不太符合現實，到最後多半無法美夢成眞。

但透過這個過程，他們仍得了不少收穫。

付款習慣和個性密切相關

收到帳單以後就立即付款的人，多是有魄力者，做事當機立斷，從來不拖泥帶水。

任何小動作都和內在個性思想、個性相關，即便只是付款也不例外。採用什麼樣的付款方式，和處理生活中其他瑣事有著相似之處，同樣可以觀察出一個人的性格。

喜歡親自付款的人，個性大多比較傳統保守，對新鮮事物的接受能力比較差，偏重於循規蹈矩，守著一些過時的東西，欠缺冒險精神。他們缺乏安全感，常有自卑心理，但又極希望獲得他人的肯定。

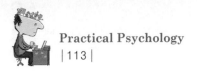

能拖多久就拖多久，最後關頭才付款的人，多有貪便宜的心理，比較自私，缺乏公平的觀念，總是希望自己能少付出或根本不付出就得到回報。他們在一般情況下不會輕易地關心和幫助別人，對人雖不算太冷淡，但也稱不上熱情。

把付款的任務推給別人的人，常無法堅持自己的原則和立場，習慣於服從和聽命於他人。他們的責任心不強，習於找理由和藉口爲自己的錯誤行爲開脫。在挫折和困難面前，會膽怯、退縮。

收到帳單以後立即付款的人，多是有魄力者，凡事說到做到，拿得起放得下，做事當機立斷，從來不拖泥帶水。他們的個性獨立，爲人眞誠坦率。

採用線上付費服務的人，容易接受新鮮事物，並懂得利用它們爲自己服務，但由於對某些東西的依賴性太強，常常會使他們喪失主導權，因而受控於人。除此以外，他們對人有很強的信任感。

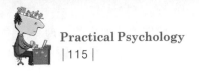

性格不同，紓壓方式就不同

> 用睡覺放鬆自己的人多半很聰明而且實際，無論在什麼時候都知道自己的目標，並且會努力尋找最快捷的方法。

現代社會競爭越來越激烈，人的壓力也越來越大。爲了保持身體和心理的健康以參與競爭，需要進行自我調節，找到一種放鬆並紓解壓力的方式。採用什麼樣的方法放鬆，要根據自己的實際情況和需要決定，從中也可反應出一個人的性格。

以心理療法放鬆自己的人，多半是完美主義者，凡事總盡力追求做到最好，否則就會感到不安。他們的整體能力還算不錯，但卻總不能如自己所預料的那樣引人注意。

用運動放鬆自己是一種很有效的方式，在運動的疲憊中可以暫時忘記一切。這類型的人多半比較內向，缺少朋友，不會輕易向他人傾訴自己的心事，尤其面對比較熟悉的人更是如此。

他們的意志堅強，在挫折和困難面前雖然有時也會表現得失望頹廢，但只是暫時，多半都能夠勇敢地站起來面對一切。

採用自然療法放鬆自己的人，比較開朗樂觀，很受周遭人的喜歡。他們待人眞誠、樸實，說話直截了當，有什麼說什麼，不會遮遮掩掩。但是因爲厭惡工作，所以很難以單純、自然、放鬆的心情投入到工作當中。在工作中，即便什麼麻煩也沒有發生，仍可能突然間感到煩躁。

採用行爲治療法放鬆自己的人，有很多並不具備自我主張，很容易向他人妥協，聽從他人的安排和調度，是樂於被管理的一群人。不願意自己動腦筋思考，喜歡有人把一切都安排得好好的，如此，自己只要按著步驟與規矩去做就可以了。他們是負責的人，會盡力把每一件事情做好。

採用睡覺放鬆自己的人多半很聰明而且實際，無論在什麼時候都知道自己的目標，並且會努力尋找最簡單、最快捷的方法去實現。他們有一點固執，不會輕易接受他人的意見，對原則和理論上的東西並不十分看重，而是著眼於非常具體、看得見、摸得著的實例。

不接受任何治療方法，任壓力自然發展，這類型的人，有較強的獨立自主觀念。無論發生什麼事情，絕大多數時候，並不企圖依靠外界的力量解決問題，只寄望於自己，並且充滿信心。

他們並不特別相信誰，尤其是那些被絕大多數人視若神明的人，更有點不屑一顧。他們自給自足，很容易滿足，而且不希望現狀被改變。

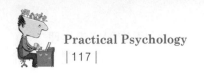

性格為運動方式做出選擇

> 邊做事邊運動的人，是一個會讓現實工作變得有挑戰性、更富價值的天才。

從靜態的觀察可以看穿一個人，從「運動」下手也有相同效果。

若是一個人特別喜愛某種運動，透過這個選擇，會顯露他在身心兩方面的需求，進而展現出他的個性。

・體育館或健身俱樂部

這類型的人喜好在俱樂部運動，只要不是一個人，並不反對爲了鍛鍊身體、維持健康而受苦。他們喜歡有人陪自己一起運動健身，這樣運動完後，在蒸氣房裡，就有伴可以互相聊天。

• 有組織的運動

無論是在學校的操場打籃球，或是在海灘上打排球，這種人喜愛的不是運動，而是參與過程中得到的樂趣。

成為團隊中的一份子，這點在他們的生命中佔了很重要的地位。下班後和他們一塊兒打球的那些人，通常是認識已久的老朋友。

• 家庭運動器材

廣告使他們相信，選擇這類方法不需要費多少力氣，就能夠達到真正運動的效果。不過，他們很快就會發現，只有廣告裡的模特兒才有辦法邊運動邊露出笑容，自己買來的運動器材多半擺在大廳裡生灰塵。

• 重量訓練

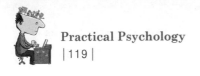

喜歡舉重的人比較在意形式，較不重視內涵，最在乎的是外表，希望自己有一副好得不得了的身材。

舉重賦予他們令旁人稱羨的力量，這使他們覺得自己很特別，能夠完成沒幾個人可以做到的事。

・競走

這種人討厭跟隨人群，偏愛展露自己特殊的品味。如果時下正好流行某樣東西，一定會另外找個新花樣，力求不符合傳統。

・有氧舞蹈

喜歡這種形式的體操，表示對自己身體抱著一種圓融的態度，因爲每一動作間的連接都得求自然流暢。

爲了展現優美的舞步，同時培養耐力，他們除了著重肌力的訓練外，還特別在意體態的優雅。這種人不排斥做一些別人覺得既繁重又乏味的工作，懂得把工作當成遊戲的訣竅。

• 騎自行車

選擇這種運動的人，比喜愛慢跑的人更加實際，曉得如何以同樣的能量走更遠的路，此外，還可以同時運動大腿。

愛好自行車的人，通常很靈活，會經常設定不同路線，不像慢跑的人通常都順著同一條路線跑。

• 瑜伽

瑜伽與外在行動及內在器官的流暢性有關，尤其和身體的柔軟度更是關係密切。喜愛練習瑜伽的人，深刻體會到呼吸是控制生命的一種方法，也了解冥想和體力的發揮同樣重要。在一般情況下，練習瑜珈有助於拓展視野，使人對事情的看法更透徹圓融。

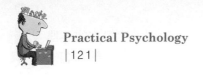

• 邊做事邊運動

這種人會在除草時做彎膝蓋的動作，或在掃除時做運動，由此可見他們是想像力豐富的人，是會讓現實工作變得有挑戰性、更富價值的天才。他們可能不太喜歡做家事，但不會抱怨，反而設法把做家事的過程轉變爲一種自我修養、自我改進的訓練。

想使他們覺得厭煩、無聊，恐怕是一件很難的事。不過，這種人如果想使別人覺得厭煩、無聊，倒是易如反掌。

• 散步走路

走路雖然沒辦法出風頭，但卻是一項最健康的運動。走路既不稀奇，又不時髦（就和這種人的為人一樣），但長期走下來，卻令人受益無窮。

這種人對需要緊急完成的計劃沒興趣，不喜歡馬拉松賽跑，也不愛吸引他人注意，是有耐心的人，也有信心面對一切事物挑戰。

從臥室風格看一個人的性格

如果有機會參觀他人的臥室，千萬要仔細觀察，把握大好機會。屋主是一個怎樣的人？是否值得交往？會不會是個表裡不一的人？凡此種種，他的臥室都可以回答你。

在一棟房屋的所有房間中，臥室是最私人的空間。一個人可以使臥室成爲一個私密性極高的地方，只有自己可以進去；也可以將它變成一個公共空間，與他人一同分享。

所有個人用來裝飾臥房的東西，由床鋪的床罩到牆上的繪畫，都暗示了自身是個什麼樣的人。

• 起居室就是臥室

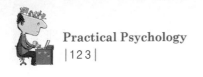

這類人的臥室就是生活的中心，用來吃飯、娛樂，當然也用來睡覺。窗戶沒有窗簾，門也沒上鎖，很希望別人了解自己，一塊分享個人的興趣和歡樂。他們喜歡創造一個屬於自己的天地，甚至很認眞地考慮在靠床的地方擺一台小冰箱。

這種人的作息起居全在一個房間裡，認爲這麼做可使挫折感減至最低，得到最大的安全感。

・英雄式臥室

這類人的臥室牆上貼了每一位曾經崇拜、景仰過的人物海報，而且每張海報裡的人頭都比眞人還大。

他們覺得面對偶像要比和一般人相處容易，容易放棄身邊唾手可得的東西，追求遙不可及的事物。這類型的人對自己沒有自信，因而把偶像們看得比生命還重要，看得比自己還高。

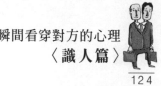

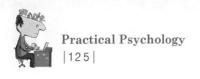

・睡覺用臥室

無論這類人的臥室樸實到只有四面白牆，以及一張輕便的小床外加床頭櫃，或者正式到變成一間內含沙發、小茶几的套房，對他們而言，都只不過是一間睡覺用的臥室而已。

裡頭每一件東西都有自己的位置，有特定的空間。這種人會嚴格控制自己的情緒，做事要求一定的規矩。

他們不在客廳做愛，不在床上吃飯，也不在沙發上睡覺。

・裝潢過的臥室

如果一間臥室裝潢得美輪美奐但卻不具個人風格，那這間臥室的主人一定是有格調且守規律的人。

這樣的人不太信任自己的判斷力，深怕會因為多擺了一盆盆栽，貼了一張海報或一張照片，就破壞了整體的裝潢。

這種人能應付各種麻煩而不製造麻煩，也是一個寧可奉命行事而不願當長官的人。雖然很誘人，可是他的客人從不知道該怎麼做，才能常到他的臥室裡坐坐，因而感到有些茫然被動。

• 倉庫式臥室

別人的房間都整齊、清潔，適合朋友來訪，但這種人的臥室卻是個危險地帶。雖然家裡其他廳房相當整潔，代表他想留給別人良好的印象，但臥室卻完全私反應出私底下的邋遢。

表面上看來，這種人似乎十分感性，而且人見人愛，可是那間到處是待洗衣物和雜物的臥室，卻告訴別人事實並非如此。

• 玩耍式臥室

這種人就像一個大孩子，會邀請其他人到自己的房間玩，臥房裡甚至有鏡子、玩具、用來打枕頭戰的軟枕頭以及小水槍。這是因爲這種人沒辦法直接表達心中感受，因而希望透過遊戲的方式，達到溝通的目的。

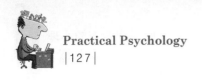

•孩提時代的臥室

這類人可能仍保有小時候第一間臥室中留下來的傢俱、紀念品、玩具、隊旗，以及掛在牆上的獎狀和畢業證書。

他們還沒準備好要離開父母親的保護及管束，還沒準備好要離開童年，還沒決定長大獨立之後要做什麼。改變對他們而言是一件可怕的事，因爲他們是那種需要經過深思熟慮才敢冒險嘗試的人。

•性別歧視者的臥室

過度女性化或過度男性化的臥室，表示對自身的性別確認得十分清楚，但也同時卻對異性感到恐懼。

蕾絲床單，一張有罩篷的床，或深棕色、尖銳的邊角以及堅硬的床板，都令異性覺得他們是入侵者，格格不入且手足無措。

這樣的臥室是專爲擁有者所設計的，沒有一個客人能在裡頭待得安心，因

爲主人並不眞的想讓別人認識自己。

如果有機會參觀他人的臥室，千萬要仔細觀察，把握大好機會。

屋主是一個怎樣的人？是否值得交往？會不會是個表裡不一的人？凡此種種，他的臥室都可以回答你。

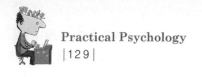

從床鋪的選擇看穿性格

> 不僅從臥室擺設可以看出個性，床鋪的設計更是深層意識的展現，用無聲語言向接觸的每一個人揭露內心世界。

人的一生中，有三分之一的時間是在床上度過，可能是在床上做夢、睡覺、做愛，或只是躲在被子下。

床是人們分享最親密想法和經驗的地方，因而從中也能看出主人的個性。

•睡單人床的人

睡單人床表示從小到大的教育方式對道德觀影響深遠，而且對自己的社交關係限制得十分嚴格。這種人普遍說來是一個保守主義者，結婚之前，不會和別人分享自己的床。

• 睡四分之三的床

這種床比單人床大一點，但比雙人床小一點。

這代表和某人同床共枕時，喜歡和對方很親近。這種人可能沒有伴侶，不過這段時間不會太長，雖然還沒準備好對某人做完全的承諾，不過，大約已經準備好七十五％了。

• 睡特大號床的人

這種人需要有自己的空間，用來玩耍或逃避。他們會不計代價地避開被囚禁的感覺，爲的是滿足自己對自由和獨立的渴求。有了特大號床，只要他想和伴侶保持距離，隨時都可以做到。

• 喜歡睡圓床的人

根本不曉得哪一頭是床頭，其實他們也不在乎，認爲因爲這樣，生活才更有意思。既定的規則無法侷限這種人，他們做任何事情都沒有一定模式，做愛更是如此，從哪開始對他們都一樣。

因爲做事隨心所欲，所以有時顯得行徑怪異。

・睡沙發床的人

這種人可能還沒意識到，但對已經壓抑多年的性欲有著深切的罪惡感。偶爾他會放縱自己，然後再否認曾有過的那番經驗。

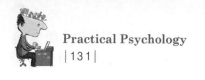

每當他們把床折成椅子形狀時，關心的只剩事業，把自己的其他感情和床墊一塊兒隱藏起來。

・喜歡睡榻榻米的人

這種人喜歡讓自己睡在地板上，這種來自東方半斯巴達式的地板墊子，有股自律的意味。它們就像地板一樣硬梆梆，而這點正合他們的心意，因爲他從來沒打算讓自己太舒適自在。

・喜歡床有鏡子的人

可能有人說這種人非常自戀，不過這和事實有頗大出入。實際上，他們不太信任自己的情感，經常跳出來，彷彿在一旁觀察自己。或許，有了床上方的鏡子，他才能夠徹底相信，某次難忘的經驗眞實地存在。

・喜歡水床的人

這種人很善變，是眞正明白該如何「順應潮流」的人。他們可以把過去的所有性經驗完全融合在一起，使自己成爲一個極度性感、令人滿意的伴侶。做愛時，相當投入，能達到忘我的境界，完全忘了時間、忘了地點，沉溺在一波又一波的愉悅和溫暖中。

・喜歡銅床的人

床就是這種人的城堡，所以四周有精巧的金屬架，四角有四根柱子，覺得自己十分容易受傷，甚至在睡覺時也需要保護，才不會受到他人攻擊。企圖卸下這種防禦心的人，會由於無法攻破這道堅實的堡壘而備感挫折。

在進行性行爲前，爲了審愼和諧起見，他們會把雙方該扮演的角色劃分得一清二楚，由誰主控、誰服從全部都先講好。

•喜歡自動調整床的人

睡這種床，只要輕按一下按鈕，就可以抬高或放低人的頭和腳，而且可以調整出上千種位置。喜歡這種床的人是個完美主義者，無論花多少成本、費多少心力，都一定要追求最好。

這種人爲人嚴苛，難以取悅，會刻意塑造環境迎合自己的需求和想法，而且堅持到底，不願意順應他人，但要求別人適應。

•早晨不整理床鋪的人

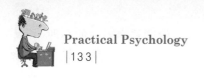

這種人既不曾有過一位像嚴格的長官一樣巡視床鋪的母親，也不曾遇見一位像母親一樣檢查床鋪的嚴格長官。

自以爲對人生的態度相當的超然，但其實眞實性格就反應在現實生活裡，不過是既懶惰又無紀律的人罷了！

・早晨整理床鋪的人

如果在早晨下床前就把自己的床鋪整理好，代表愛整潔、擅長打扮自己。不過，如果每天早上都一定要把床鋪整理得極度漂亮，那就是有潔癖。這種人會把浴室中的每一條毛巾都疊得整整齊齊，將家中每一個角落都打掃得一塵不染，甚至在沙發上蓋一層塑膠套子。別人前來作客根本無法放鬆心情，因爲他無時無刻都在找尋掉落的塵屑。

不僅從臥室擺設可以看出個性，床鋪的設計更是深層意識的展現，用無聲語言向接觸的每一個人揭露內心世界。

PART 5

收藏展現自身的生活追求

喜愛收集衣服飾物的人，

大都愛打扮、喜歡揮霍，

想透過外表使自己成為眾人矚目的焦點。

看電視的習慣流露人的特點

一遇到自己不喜歡的節目就立即轉台的人，耐心和忍受力都不強，但他們不會浪費時間、金錢、財力、物力。

在現代人的生活當中，看電視幾乎是一項不可缺少的重要休閒活動。不過，除了提供人們娛樂之外，透過看電視，也可以觀察出一個人的性格特點。

有些人會一邊看電視一邊做其他一件或好幾件事情，如邊看電視邊看報紙、打毛衣或吃東西。這固然和所看電視節目的內容有一定關係，但也說明這樣的人大多很有彈性，能較容易適應各式各樣的環境。

在條件允許甚至是不允許的情況下，他們都很願意向自己、向外界進行挑

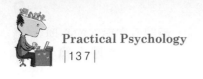

戰，嘗試新鮮的事物。

在看電視時保持精神高度集中的人，多半辦事認真，做任何一件事情都能夠全心地投入。這類人的情感比較細膩，有豐富的想像力，提出的意見很容易獲得他人的共鳴。

對著電視，看著看著就睡著的人，除去工作特別累、精神非常疲勞的情況外，性格多隨和又樂觀。即便挫折和困難當頭，往往也能夠笑著坦然面對，並積極地尋找各種解決方法。

一遇到自己不喜歡的節目就立即轉台的人，耐心和忍受力都不強，但生性很節儉，不會浪費時間、金錢、財力、物力。這類型的人獨立性很強，不屑於當那種一窩蜂追求流行的人。

由偏好的音樂看出個性優缺

留意一下身邊親朋好友，甚至是對手喜歡的音樂，將可以幫助你更輕鬆、更深入地了解他們的內心。

一個人不管如何遮掩，內心深處最真實的一面，一定會透過表情、情緒反應、肢體動作和特殊偏好顯現出來，想在這個爾虞我詐的社會行走，就必須具備讀人讀心的重要本領。

聽音樂是人類生活當中一項重要的娛樂活動，尤其是在樂器和音樂的種類越發多姿多彩、五花八門的現代。

很多人和音樂結下了不解之緣，把音樂當成知己，把自己最深的感觸向音

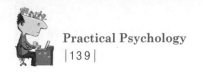

樂傾訴。有的人把音樂當成畢生理想追求，堅持不懈；也有的人把音樂當成導師，藉從中得到的震撼來激發自己的活力和動力。

由此可知，透過分析對音樂的喜好，也可以窺知人的某些性格。

喜歡交響樂的人信心十足，躊躇滿志，凡事只看積極的一面，能夠迅速和他人打成一片，但往往會因對別人盲目相信導致吃虧受損失。

他們喜歡顯露自我，常處處強調自己的不平凡，希望在上流社會中佔有一席之地，有不務實的缺點。

喜歡聽淒美歌曲的人多愁善感，心地善良，頗能體恤他人。歌曲如他們生命歷程中的燈塔，指引出前進的方向。在面對人生大起大落時，音樂常常能起推波助瀾的作用。

喜歡歌劇的人思想較爲傳統保守，容易情緒化，易出現偏激行爲。由於清楚這個弱點，所以總是極力控制自己，避免不愉快產生。

他們有很強的責任感，對一舉一動都要求認眞負責，力求以完美的形象出現在大衆面前，處處要求盡善盡美。

喜歡搖滾樂的人害怕孤獨，不能忍受寂寞，喜動不喜靜，愛好體育運動。他們可能憤世嫉俗，對社會有許多不滿，經常控制不住自己的情緒，必須以音樂當作慰藉。喜歡團體活動，將音樂作爲滿足各種欲望的工具。

喜歡進行曲的人多墨守成規，不求變遷，滿足現狀，但仍會力求臻至完美。對自己要求甚高，不允許所做的事出現半點差錯，可是現實中的不完美常常使他們動搖、失望，甚至遍體鱗傷。

喜歡鄉村音樂的人成熟老練，不會輕易做出令自己後悔或有損於利益的事情。他們細心又敏感，喜歡關注社會問題，樂於支持弱勢團體。生性追求安靜

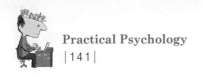

怡然，不喜歡大城市的紛繁與喧鬧，喜歡過完全由大自然控制的田園生活，並爲此不遺餘力。

喜歡打擊樂的人個性耿直爽快，對生活充滿了希望，並會精心安排計劃自己的未來。爲人處世以和爲貴，同時也喜歡和人談天說笑，具有很強的社交能力，能夠得到大多數人的歡迎。

喜歡流行音樂的人屬於隨波逐流類型，在戀愛和人際交往過程當中多會遠離複雜的思慮，隨時準備被感情俘虜。他們不能忍受深層次的自省和強烈的感情，力圖透過聽音樂保持輕鬆和自在。

喜歡古典音樂的人理性較強，較能自省，能夠用理智約束情感。從音樂中汲取相當多的人生感悟，結果反倒使自己形單影隻、孤家寡人，因爲很少有人能與他們的思想和感情產生共鳴。

愛好爵士樂的人，性格當中感性成分所佔的比例較大，做很多事情都只憑一時衝動，未充分考慮客觀實際。他們不喜歡受到約束，常我行我素，總是有一些荒唐的幻想。好追求新奇事物，討厭一成不變，五光十色的夜生活總能令他們流連忘返。由於生活與理想相差太遠，常常會感到一種莫名的恐懼，與難以化解的矛盾。

留意一下身邊親朋好友，甚至是對手喜歡的音樂，將可以幫助你更輕鬆、更深入地了解他們的內心。

閱讀喜好受知識學養的影響

喜歡讀推理、偵探小説的人，富於幻想和創造，想像力也很豐富，面對困難時能夠從不同的角度進行分析，

報紙是一種資訊載體，可以滿足人們很多需要，既可以了解身邊的消息，也可以縱觀世界風雲，已成爲生活中必不可少的物品。

每個人都有不同的閱報習慣，如有的人拿到後只會粗略地看個大概，有的人則會留到沒事做的時候，再拿出來細細品讀。

只閱讀喜歡的內容的人，拿到報紙後會用最快的時間將大概了解清楚，有時甚至會爲了滿足好奇心搶奪熟人的報紙。當發現沒有自己喜歡的話題之後，

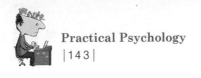

會把報紙擱置一旁，偶爾抓過來作爲他用。他們大多活潑外向、幽默自信、喜歡熱鬧、廣交朋友，對很多東西都感好奇。此外，很有領導才能，但做事往往不能精益求精，有時會敷衍了事。

爲了消磨時間而讀報的人，由於只是爲了打發時間、尋找樂趣，所以拿到報紙後往往隨手一扔，等感覺煩悶和無聊時才拿出來看。他們的性格內向、情緒不穩、做事拖泥帶水、沒有魄力、人際關係差、自視甚高，但有很強的想像能力，善於察言觀色，爲人忠厚老實，不鑽牛角尖。

喜歡迅速瀏覽報紙內容的人，只要一拿到報紙，就會忘記置身何處，必先將各版的內容了解清楚，哪怕上班時間緊迫也置之不理。他們個性外向、富有活力、充滿自信、不善隱瞞、喜歡熱鬧、不遲鈍呆板；辦事周到積極，不排斥新事物，但有時喜歡張揚，聽不進他人的好意勸誡。

會抽時間細心讀報的人，買來報紙後並不急於閱讀，而會放在一旁，用最快的速度將手上的工作做好，等到沒有其他人或事分心的時候，再靜下心閱讀，並將重要的內容裁剪下來保存好。

他們個性較爲內向、不善言詞、講究實際、自控能力強、認眞負責，能夠獨當一面，對交際應酬不感興趣，對他人也常顯得熱情不足。

除了報紙之外，由每個人偏好書種不同，也能看出人的不同性格。

偏好閱讀財經雜誌的人，不喜歡安於現狀，不甘寂寞，而且有冒險犯難的勇氣，個性爭強好勝、不願屈從，渴望超越別人。

他們崇尚權威，渴望榮譽，努力尋找發達的時機，好爲自己的人生譜寫出最光輝燦爛的一頁。

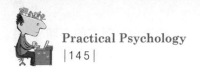

喜歡讀時裝雜誌的人，追求時尚，出手大方，以掌握最新服裝資訊和流行趨勢爲樂事，以顯示自己在此領域的水準和能力。可是因爲將時間和精力都花

在外表上，忽略了內在修養，通常無能成就什麼大事業。

喜歡讀言情小說的人非常注重感情，能夠隨著故事情節的發展和小說中的人物一起悲歡。他們對事物有很強的洞察能力，而且自信又豁達，吃一次虧後學一次乖，會很快恢復元氣，有成就事業的可能，以女性居多。

喜歡看武俠小說的人富於幻想，追求浪漫，心底深處有某種壓抑很深的英雄情結，總是希望自己能出人頭地。他們的感情豐富，但有時過於細膩或者偏執，反而不受異性喜愛，通常爲男性較多。

喜歡讀歷史書籍的人創造力豐富，講究實際，不喜歡胡扯閒談，會把時間都用在有建設性的工作上面，討厭無意義的社交活動。

他們能夠從歷史事件當中汲取對人生有意義的東西，具有很強的分辨是非能力，深受他人讚賞。

喜歡看傳記的人具有強烈的好奇心，做事謹慎小心但野心勃勃。他們善於衡量利弊得失，統籌全局，從不打沒有把握的仗，條件不成熟時絕不會越雷池一步，損及自身。

喜歡看街頭小報、期刊雜誌的人熱情善良、直爽可愛，善於使用巧妙又幽默的話語活絡氣氛。他們有非常強的收集和創造能力，趣味性的話題總是張口就來，經常是大眾眼中的小丑和寵兒。

喜歡看漫畫書的人，也都喜歡遊戲，童心未泯、性格開朗、容易接近，無拘無束，喜歡自由自在，不想把生活看得太複雜。

他們對別人不會多加防備，往往在吃虧上當後才發覺自己是那麼的幼稚，不過，能夠「吃一次虧，學一次乖」，也不是壞事。

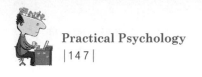

喜歡讀推理、偵探小說的人喜歡挑戰思想上的難題，富於幻想和創造，想像力也很豐富。他們善於解決難題，面對困難時，能夠從不同的角度進行分析，也樂於挑戰別人不敢碰的難題。

喜歡看恐怖小說的人，認爲簡單的生活太乏味，渴望用刺激冒險活絡自己的腦細胞。他們有懶惰的性格，不喜歡思考，很難從周圍獲取樂趣和歡愉，同時對身邊的人不感興趣，不太合群，獨處一隅的時間較多。

喜歡讀科幻小說的人富有幻想力和創造力，常常被科學技術迷惑吸引，喜歡爲將來擬定計劃，但不講究實際，缺乏持之以恆的精神。他們願意爲他人喝彩，卻很少打造自己的輝煌成就，經常在幻想當中過日子。

想多方面了解人性，不妨試著從「書籍」下手，相信也會有所收穫。

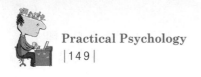

收藏展現自身的生活追求

喜愛收集衣服飾物的人，大都愛打扮、喜歡揮霍，想透過外表使自己成為眾人矚目的焦點。

如今，收藏已成爲許多人的嗜好。

有人喜歡收集收藏品，爲的是等待若干時日後升值；有的人收集收藏品是爲了提高個人修養，陶冶性情；有的人收集收藏品爲的是向別人炫耀，以顯示高雅脫俗，不同凡響；也有的人收集收藏品是爲了懷念過去。

收藏品五花八門，收藏者的性格也就各具特色。從一個人所收集的收藏品，可以了解到這個人的部份性格。

收集象徵榮譽物品的人，通常對現狀不滿，總認為自己曾經經歷的輝煌不應該那麼快地湮滅，應該繼續享受榮譽和鮮花。這種人不懂得「長江後浪推前浪」的道理，所以只能依靠回憶過去的光榮歷史撫慰心靈。

收集書籍、雜誌和報紙的人多有學識和上進心，喜歡在家裡享受看書的樂趣，即使一人獨處也能自得其樂。有些人藏書雖多，資料豐富，但大多數已經過時，沒有實用價值，卻依然想憑藉以顯示自己博學，所以在實際生活中總是比別人落後半拍。

收集照片、明信片的人喜歡回憶過去歡樂的情景，相片為他們和記憶中的人或景拉近了距離，使舊感情更加濃郁。

另外，向別人展示相片，也是介紹自己的一種方式。

有些人喜歡收集藝術品、古董，因為它們往往代表高雅、博學，更是財富

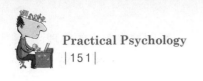

的象徵，表明收集者注重自己的社會地位和身份。

由於這類收藏品的品質和價值是收藏者之間品味和目光的較量，所以他們的好勝心都很強。

收集旅遊紀念品的人，喜歡不斷地追求新鮮、奇特和怪異，並具有探幽索隱的探險家勇氣。

爲了尋找令自己滿意的收藏品，他們樂於冒險，敢於出入高山野嶺、荒漠戈壁，在天南地北都留下旅行足跡。

收藏玩具的人易於滿足，知道分寸，家是他們最快樂的場所，寧靜安逸的生活是莫大的享受。他們留戀過去，對曾經擁有過的一切感到自豪，並極力將所有美好時光保存於記憶當中。他們追求的就是年輕，總是想辦法重溫童年時經歷的快樂。

收集舊票據的人有很強的組織和領導能力，辦事細心、條理清楚、按部就班，但是常將精力浪費在無用的細節與沒有意義的過程當中，自以爲是未雨綢繆，實則等同杞人憂天，因爲擔心的危險出現的機會實在太渺茫了。

他們偶爾也有尋找刺激的念頭，但考慮到衆多的細節後總是無法行動，所以生活幾乎一成不變。

喜愛收集衣服飾物的人，大都愛打扮、喜歡揮霍，想透過外表使自己成爲衆人矚目的焦點。

喜歡收集舊款式衣物的人，堅信自己的收藏品會再度流行起來，這是他們不可動搖的堅持。其實，保留了舊衣物，與之如影隨形的觀念和思想也就無法根除乾淨，但倔強的他們仍然相信這些舊衣物會再度流行，到時不但省錢省力，更代表自己擁有高瞻遠矚的獨到眼光。

收藏物必定和擁有者的氣質有聯繫，這一點，無庸置疑。

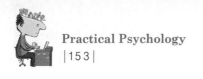

從飼養寵物看處事態度

喜歡養魚的人有生活情趣，是個充滿自信的樂天派，對事業和生活沒有過高的奢求，只想平平安安地度過每一天。

養寵物是一種休閒方式。個人喜好不同，選擇的寵物自然相差懸殊，但是從心理學角度來看，不難發現其中一個共通性，那就是透過飼養的寵物，通常可以看出飼主的眞實性格。

喜歡養鳥的人多半性格細膩，個性溫柔，相對的，心胸狹隘，同時會精心地打點屬於自己的空間。

他們不喜歡繁瑣的人際關係，交際能力差，性格孤僻。養鳥使他們能自娛

自樂，打發多餘的時間和寂寞，成爲生活中不可或缺的夥伴。

喜歡養魚的人有生活情趣，是個充滿自信的樂天派，對事業和生活沒有過高的奢求，只想平平安安地度過每一天。有人說這樣的人胸無大志，但他們多半一生快樂，這點實在令人羨慕。

一般而言喜歡養貓的人崇尚獨立自主，討厭隨便附和，爲人處事直來直往，從來不委曲求全。

他們個性內向，喜歡寧靜和恬淡，會抑制感情流露，很少有人能進入眞實的內心世界。這類型的人，由於嚴於律己，因而讓人感覺不到熱情活力，有時難免顯得矯揉造作。

喜歡養狗的人性格隨和溫順，待人親切，但缺點是容易隨波逐流，總是順著別人的想法做事。

他們個性外向，不喜歡寂寞孤獨，整天嘻嘻哈哈，與周遭朋友的關係融洽，交際能力出衆，性格爽快開朗，人情味濃，胸無城府，說話坦蕩直接，眞實想法會立即從表情或行爲舉止當中顯現。

另外，還可以細分：喜歡獅子狗的人性情活潑好動，像個大孩子；喜歡牧羊犬的人虛榮心較重，有喜歡炫耀自己與衆不同的傾向；喜歡名種狗的人肯定家境小康，且事業一帆風順；喜歡收留流浪狗的人，多半富有同情心。

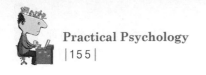

旅遊體現個人的生活追求

如果你想要了解自己或身邊人的真實性格，不妨觀察一下喜好的旅遊的地點或方式，也許會有一些意外發現。

旅遊是一種集吃、喝、玩、樂、行於一體的綜合性消遣活動，可以促進健康、增長見識、拓展人脈，更可以爲自己的人生增添不少色彩。

心理學家研究發現，人們喜愛的旅遊方式，確實與自身潛在的性格有著相當密切的聯繫。

喜歡訪親探友的人，講究誠實守信，注重情感友誼。藉探訪朋友或親戚的活動，他們會獲得極大的快樂與滿足，因爲他人的熱情款待，證實了自己對朋

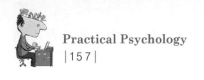

友付出的一切沒有付諸東流，做人無疑是成功的。

喜歡大海和海灘的人，性格保守、傳統，心事較重，不願暴露內心的眞實情感，獨處一室享受私密空間是他們莫大的心願。無論對朋友還是事業夥伴，皆不注重或熱衷於私下的往來。由於有責任心而成爲好父母，子女會得到莫大關愛和無微不至的照顧。

喜歡露營的人，性格當中保守的部分居多，推崇傳統倫理觀念，嚴格按照崇高的道德標準行事，一舉一動都會吸引大衆的目光，具有很高的道德素養。他們也擁護獨立，不喜歡受到長輩的庇護和約束，想像力豐富，能夠化平凡爲神奇，有著講究實際的人生觀，與人交往不卑不亢。

喜歡自然景致的人，追求無拘無束，嚮往輕鬆自在，受約束的生活和一成不變的工作常常令他們苦不堪言，渴望眼前的工作馬上轉換爲宜人的風景。有活力、有熱情，做什麼都得心應手，有著豐富的想像力，追求生活中的新思想或新事物是畢生的願望，能夠對自己的人生負起責任。

喜歡戶外活動，不喜歡室內活動的人，必須靠廣闊的外部空間激發自身的創造力和新奇的想像力。他們精力充沛，敢於迎接各種挑戰，能夠對自己的言談舉止認眞對待，且通常能得到很好的回報。

喜歡出國旅遊遊的人比較時尚，站在時代潮流的最前端。喜歡求變，對新鮮事物懷有興趣，對人生充滿信心，樂觀向上，生活中的壓力經常在談笑風生之中化爲烏有，總是過得瀟瀟灑灑，幾乎可以隨心所欲地決定一切。

如果你想要了解自己或身邊人的眞實性格，不妨觀察一下喜好的旅遊的地點或方式，也許會有一些意外發現。

從益智遊戲看個性

研究喜歡的益智遊戲，可以作為輔助資料，對一個人進行分析、觀察和了解，深入了解他的內心世界。

「益智遊戲」就是以新方法運用舊知識來解決問題，經常接觸相關的遊戲，會使一個人逐漸變得更聰明富智慧。

不同的人會喜歡不同類型的益智遊戲，等同個人性格的一種展現。

喜歡魔術方塊的人，自主意識比較強，不希望別人把一切都準備好，自己卻不需要花費什麼力氣或心思，也不喜歡把別人的思想和意見據爲己有，而是熱衷於親自鑽研並探索，哪怕需要漫長的過程並付出昂貴的代價，也不改初衷。

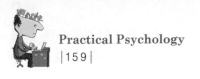

他們很有耐性，對某一件事情，在他人感覺到不耐煩的時候，往往還能堅持如一。他們的心思也很靈巧，觸覺相當靈敏，喜歡自己動手製作一些小玩意，從中得到成就感。

喜歡拼圖遊戲的人，自身的生活常常像拼圖一樣，好不容易把一幅完整的圖形拼好，緊接著又會變成一塊塊的碎片，常常會被一些意料不到的事情干擾和左右，甚至使長時間的努力付出全部付諸東流。

值得慶幸的是，這類型的人具有一定的忍耐力和信心，在不如意面前，不會輕易被擊垮，能夠保持奮鬥的精神，使一切重新開始。

喜歡填字謎的人，多是做事非常看重效率的人，希望在最短的時間內、花費最少的精力，將某件事情做到最好。他們很有禮貌和修養，與人相處時彬彬有禮，顯示出十足的紳士風度。多有堅強的意志和責任心，敢於面對生活中許多始料不及的困難和災難。

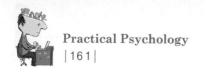

喜歡玩幾何圖形遊戲的人，多是比較聰明富智慧的，對事物常常會有自己獨到的見解，而不是人云亦云。

他們有很強的自信，生活態度積極樂觀，在思想上比較成熟，爲人深沉內斂，常常一副成竹在胸的模樣。做某一件事情之前，要經過深思熟慮，前前後後把該想的都想到，在心裡有了大致的把握以後，才會行動。這樣即使出現什麼變故，也能很快找到應對的策略。

喜歡數位類益智遊戲的人，邏輯思維能力多半比較強，生活極有規律，有時候甚至到了死板的程度。

他們在爲人處世方面並不圓滑也不世故，反倒過分地有稜有角，既易傷到別人，也會爲自己帶來傷害。

喜歡腦筋急轉彎的人，對生活的態度雖然非常積極樂觀，但有時候並不了解生活的實質是什麼。他們的生活沒有什麼規律，對於各種事物的輕重緩急也沒有清楚的認識，常常會將時間、精力甚至財力浪費在沒有任何意義的事情上面，反倒將正經事情耽誤了。可是，他們並不爲此而懊惱或後悔，還會找各種理由安慰自己。

喜歡神秘類益智遊戲的人，性格中最顯著的特徵就是疑心比較重。在他們看來，世界上好像沒有一樣東西是可信的，對任何事物都感到懷疑，這種懷疑常常又沒有任何依據可言。

他們對事物的細節及一些細微的差別總是表現得極敏感，這樣的敏感往往又會成爲自己懷疑的依據。他們會不斷地懷疑他人，但總是因爲沒有充分的證據而感到苦惱。

喜歡在一張照片中尋找錯誤遊戲的人，生活過得多半不輕鬆，常常會被一些沒有任何理由的煩惱困擾，即便現狀一片大好，仍不由自主朝著不好的方面

想。他們的胸襟不夠寬闊，很少注意到他人的優點，總是緊盯著缺點不放。

將某一英文單詞的字母隨意顛倒順序，組成新的單詞，喜歡這一類型文字遊戲的人，思維反應多是相當靈敏的，隨機應變能力很強。

他們對人的觀察也有一些獨到的見解，能夠很快又非常準確地洞察一個人的內心世界。在懂得了他人的需求之後，能馬上給予滿足。

研究喜歡的益智遊戲，可以作爲輔助資料，對一個人進行分析、觀察和了解，深入了解他的內心世界。

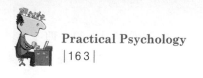

自言自語，是老化的警訊

在頭腦當中沒有辦法妥善整理思緒，於是把頭腦裡面想的事情不知不覺地用嘴巴說出來，這就是老化現象開始的重大特徵。

人上了年紀，對於歲月的流失逐漸感到恐懼與不安，雖然口頭上常說自己還很年輕，但老化的現象卻會透過肢體語言流露。

我們經常見到，有的人在找東西的時候，常常會邊找邊自言自語，這種行爲模式表現出什麼樣的心理呢？

「咦，照相機放在哪裡了呢？」一個男性一邊自言自語，一邊找著照相機。

妻子一般會稍微嘲笑一下總是忘記東西放哪裡的丈夫，這樣的畫面最常在

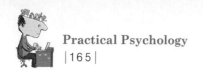

中老年夫婦當中出現。

在找東西的時候會自言自語這種行爲，在某種程度上可以看作是老化的現象，因此，如果你開始變得一邊自言自語地說著「奇怪，那個東西跑到哪裡去了」，一邊找東西的話，那麼最好要稍微留心一下了。

因爲僅僅在頭腦當中沒有辦法妥善整理思緒，於是把頭腦裡面想的事情不知不覺地用嘴巴說出來，這就是老化現象開始的重大特徵。老年人經常會重複說同樣的話，而且隨著年齡的增長，即使是腦袋中的一件小事也會不知不覺地用嘴巴說出來，這也可以看做是一種老化性的自言自語。

「今天可眞是無聊呀！」一般這樣想著，是不會說出來的，而老年人卻經常會不知不覺地說出來，不禁讓人覺得很囉嗦。

因此，如果你在找東西時說著：「嗯，那個……那個，咦，那個，我到底是在找什麼呀？」連這樣的心理狀態都完全透過話語來表達的話，那麼最好要開始注意自己老化的現象了。

PART 6

準確識人，才能遠離小人

僅僅憑外在條件就對一個人下定語，

往往是不可靠的，

也是不可取的。

準確識人，才能遠離小人

人與人之間恰如其分且正確的理解，無須經過長期的、過分親密的熟悉。關係不過密時，頭腦最冷靜客觀，對於正確地認識此人是最適合的。

與不相識的人初次見面時，對方的外貌（包括長相如何、風度怎樣等等）似乎就決定了第一印象的好壞。

然而，不管他人留給我們的第一印象如何深刻，要想眞正認識一個人，不能只停留在第一印象上，這只是對一個人認識的起點，絕不是終點。畢竟它是建立在資訊不足——尤其是反映內在本質資訊不足的基礎上，相當具表面性和片面性，有時還會有些虛假。它也常常受到我們的生活經驗、個人的好惡傾向所左右，所以應該努力看得更深刻一點。

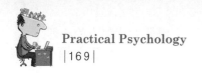

以下是識人三大法則，值得我們用心熟記：

・切莫「先入為主」

第一印象基本上是由直覺發出的，對此不能不信，也不能全信。直覺是最純淨、最沒有價值判斷的，但是它往往也是最簡單、最直觀的。因此，不要光憑直覺待人處事，除非受過專業訓練，已達到老練的偵探或者淵博的心理學家的水準，否則太依賴直覺相當危險。

記住，全然聽信「第一印象」是幼稚的，甚至可能帶來危險。最適當的做法是加以驗證，如果後來觀察到的事實與第一印象不符，就應尊重事實，去除先入之見。

不了解事實眞相，就不可能明智地思考問題。

有些人不逃避思考，可是在分析問題時，總喜歡像獵犬追捕獵物似的，一個勁地捕捉那些足以說明自己先入為主觀點的事實，對其他情況不屑一顧，因而更加盲目。

人們常根據聽到或知道的、關於他人的情況，在見面之前就對別人做出評價，無視自己的判斷能力，一味信任自己的直覺。

先入之見使人無法發揮眞正的洞察力，必須努力克服。克服先入爲主的最好方法，是把感情和事實嚴格區分開來，努力做到對事實客觀、公正，進行全面的分析判斷。

・學會站在對方的角度看問題

有時候，我們常常百思不得其解，想著：「這個人爲什麼會這樣呢？」

其實，只要在內心假設，處在相同的位置和情況，你會怎樣做，就會明白對方的行爲了。

你也許會發覺，自己也不得不做出同樣的決定，甚至表現還更差。

「設身處地」，不僅有益於經營人與人之間的關係，也是了解別人最簡單的一個方法。以下，是一個常見的例子。

老李當小職員時，常常在背後議論科長太無能，「連一件小事也要考慮再

三、優柔寡斷」，宣稱如果有朝一日自己能「掌權執政」將如何如何，大有一番扭轉乾坤的氣勢。

不久，老李果然「如願以償」，結果業績也不過爾爾。

對此，他深有感觸地說：「看人挑擔不吃力。現在才知道辦一件事是多麼難啊！看來前任科長並非優柔寡斷，而實在是身不由己，在那樣的情況下還做了許多事，他眞是不簡單啊！」

將心比心，設身處地，有助於更加深入地認識一個人。

•保持適當的距離

西方有一句諺語，說出了一個很平常但又深刻的道理：「英雄的妻子，不知道自己的丈夫是英雄。」

事實常是這樣，對於朝夕相伴的人，一方面非常熟悉，好似閉上眼就能說出對方的十幾條特點；另一方面，也容易漠然視之，有什麼新變化、新發展，常常不甚注意。

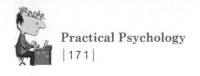

要深入了解一個人，就應該長時間與他接觸。但是，這又會造成習慣上的盲點，有許多問題反而難以覺察，因爲「臉挨著臉，就看不見臉」。

心理學研究表明，人與人之間恰如其分且正確的理解，無須經過長期的、過分親密的熟悉。若要更準確地使人們相互理解，必須透過最適合的時間和適度的密切程度。

長時期過於密切的相處，很可能歪曲相互理解的準確性，憑空抹上許多色彩，或過於高估對方。兩個互相要好的人，留給彼此的，一般都是美好的形象，這對於認識一個人是不利的。

從這個意義上，可以說「熟知並非眞知」。

在與一個人結識的時間不過長、關係不過密時，頭腦最冷靜客觀，對於正確地認識此人是最適合的。

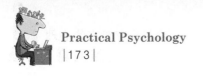

少一點偏執，就會少一點失誤

每個人都有自己的偏見，只有跳出感情的圈子，擺脫利益的束縛，心平氣和地觀察、了解一個人，才會有更清楚的認識。

要認識、判斷一個人，不妨先根據他留給自己的最初形象進行分類，然後再透過實際生活中逐步且有意識地觀察，看看是否符合假設。

如果全部符合，他就是我們原來假定的那種人；如果全部不符合，他就是另外一種類型的人；如果部分符合、部分不符合，他就是具有某種類型的人所具有的某些特徵，但不完全，一般以這種情況最多見。

大數學家高斯曾說過：「如果沒有某種大膽放肆的猜測，是不可能得到知識進展的。」現實生活也是這樣。

當然，運用這種方法，首要條件是自身已具備了識人的豐富知識，還應注意不要用先入爲主的框架套人。分類是必要的，但更重要的是與事實是否相符。靈活，而不要偏執、死板。記住，一切僅僅是假設。

・用比較的方法認識人

俗話說「不怕貨比貨，就怕不識貨」，識人也是如此。見的人多了，就會自然而然地感覺到張三與李四、李四與王五的不同了。

比較，是我們認識周圍世界並思考問題的一個重要方法；比較，在日常生活中隨處可見。

比較是人們普遍的心理狀態，沒有比較是不可能的，問題在於怎麼比才正確，才會收到良好的效果。如果只有橫向視野，沒有縱向視野，或者只看近不看遠，就會由此產生各種錯覺、猜疑和誤會，造成困擾。

比較，是認識一個人的好方法，它對於認識人，分辨出人們之間的微小差異有很大幫助，但必須慎用。

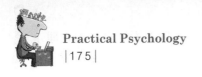

•克服偏見，理性識人

正確地認識一個人之所以極其困難複雜，主要原因就在於感情對理性的干擾和影響，使我們常常迷失方向，走向歧路。

當我們認定某人是好人，他的一切就都變成好的了；當我們認定某人是壞人，一切就又都變成壞的了，甚至連對方以前做的好事也說成是「別有企圖」。感情，統治著人的內心，神秘且無所不在，有時甚至讓人覺得可怕。

培根說：「情感以無數的、而且有時根本覺察不到的方式，來渲染並感染人的理智。」

《聖經》中也說，當一個人情感激動時，「雖有耳朵，卻聽不見」。

每個人都有自己的偏見，可能是認識上的侷限，或感情上的偏愛。人們不會輕易就達到互相了解，即使有最美好的意願和最善良的目的，更何況惡意會把一切都破壞無遺，當偏見蒙住了人的眼睛，想要去除是相當艱難的。無論是證據、常識還是理性，都敵不過偏見的傷害。

只有跳出感情的圈子，擺脫利益的束縛，心平氣和地觀察、了解一個人，才會有更清楚的認識。

•看看他周圍的人

認識一個人還有一個很簡便的方法，只要看看環繞著這個人的經常是些什麼人，大概就行了。

人們總是喜歡志趣相投的人，也總是喜歡與自己相似的人。安靜、樂於思考、性格內向的人，一般不會願意與大吵大嚷、輕浮、外向的人交往；行爲主動、辦事沉著的人，一般不會喜歡結交行爲被動消極或辦事急躁慌張的朋友。

當然由於各種原因，有時人們會結交與自己截然相反或者反差很大的人，但大多數情況下，眞正打從內心喜歡的還是和自己相似的人。

長期的、穩定密切的相互聯繫，會使交往雙方在某些行爲準則、性格特點、價值定向上變得相近或者相同。

不要單憑外在條件判斷進行

一個人的性格是多方面的，只有在實踐中考驗、識別一個人才是最可靠的，才能減少判斷失誤，認清身邊的好人和小人。

長期以來人們形成了一種觀念：好人必定言行端莊、眉清目秀；壞人總是猥瑣、獐頭鼠目的樣子。

其實，人的相貌好壞，與內在素質的優劣，並非都成正比。如果僅以相貌判斷人，最終必會失誤。

唐朝的安祿山，長得肥胖，肚子很大，一副忠厚的樣子。一次唐玄宗問他：「你這肚子裡都裝些什麼玩意？」他立刻答道：「我的肚子裡，裝的只有對您老人家的赤膽忠心，別的什麼也沒有。」

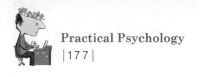

唐玄宗聽了心花怒放，對安祿山越發信任，後來，卻發生安史之亂，可見人的表相並不可盡信。

•獨立的思考很重要

傾聽別人的意見固然很重要，但聽過之後，自己還要再思考。當確信自己的觀察、認識正確後，就絕不可輕易被別人的言論左右，即使一百個人當中有九十九個人唱反調，也要堅持下去。

不過，要注意的是，不要被偏見、成見束縛而固執己見。如何把握好分寸，全在於自己是否冷靜、公正、客觀。尤其是年輕人，因爲思想依賴性大，往往容易懷疑自己的直觀感覺，又容易受到外來意識的影響，輕易地動搖原先正確的判斷和見解。

任何人的見解都帶有一定的片面性和表面性，而且還常常染上好惡和感情色彩。如果將各種人的評價標準、鑑定意見加以比較，那麼不難看出，不同的人有著不同的評價標準，有些甚至是缺乏科學根據的臆測。

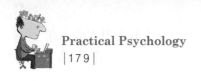

因此，成見不可有，定見不可無。

應記住，眼睛比耳朵更可靠，但是如果不能用頭腦進行認眞的思考，那麼，眼睛看得再多，耳朵聽得再多，也毫無益處。

•不要做極端的判斷

曾有人這樣寫道：「人，乃是宇宙間最錯綜、最完全的生物，結憐憫、友善、堅韌、頑強、智慧、高尚於一身；集自尊、自私、懶散、貪婪、愚昧、卑俗於一體。」

確實，一個人的性格是多方面的，儘管時常因一個側面的突出掩飾了其他的側面的存在。人都難免自我矛盾，在現實生活中，二乘二往往不等於四。

因此，不要做極端的判斷。作爲社會人，心靈世界是極其複雜、極其豐富的，不可能只有單一顏色。

高爾基在他的長篇小說《三人》裡，曾經借主人公伊利亞的口說過這樣的話：「如果一個人是壞的，也還有好的地方；如果一個人是好的，也還有壞的

地方。我們的靈魂是多色的，隨便什麼人都是如此。」

人性是不可能是單一的，假如你喜歡十全十美的標準人物，那麼或許能在文藝作品中得到滿足，但是窮極一生恐怕永遠也不會遇到。人想要達到完善、完美，還需經過漫長的「修練」，而且未必成功。

總之，只有在實踐中考驗、識別一個人才是最可靠的，才能減少判斷失誤，認清身邊的好人和小人。

僅僅憑外在條件就對一個人下定語，往往不可靠也不可取。

透過假象也能看出真相

不論是用人或者交往，都不要被假象迷惑，唯有透過現象看本質，才能發現具有真才實學之人，不會被魚目混珠之輩欺瞞。

在這個人人都想出頭的年代，人往往會處心積慮地塑造自己，試圖以完美的形象與表現出現在公眾面前，讓別人無法立即透視。但是，不管再怎麼會製造假象，只要仔細觀察，就能了解眞相。

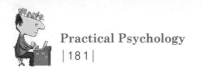

以下幾種人，即便不是「小人」仍須加以防範。

- 華而不實的人

這種人口齒伶俐、能說善道、口若懸河、滔滔不絕。初接觸，很容易留給人良好印象，將他當做一個知識豐富、又善表達的人才看待。但是，必須分辨他是不是華而不實。華而不實、巧於詞令的人，往往將許多時髦理論掛在嘴上，迷惑識辨力差、知識不豐富的人。

三國鼎立時，北方青州一個叫隱蕃的人逃到東吳，對孫權講了一大堆漂亮的話，對時局政事也做了分析，辭色嚴謹。孫權爲他的才華動心，問陪坐的胡綜：「如何？」

胡綜回答：「他的話，大處有東方朔的滑稽，巧捷詭辯有點像禰衡，但才不如二人。」

孫權又問：「當什麼職務呢？」

又答：「不能治民，派他當個小官試試。」

考慮到隱蕃大講刑獄之道，於是孫權派到他刑部任職。

左將軍朱據等人都說隱蕃有王佐之才，爲他的大材小用叫屈，因此隱蕃門前車馬如雲，賓客盈門。當時人都奇怪這種有人說隱蕃好，有人說隱蕃壞的情況。到後來，隱蕃作亂，事發逃走，被捉回而誅，才證明是個小人。

可見對似是而非之人的辨識的確不易。

・貌似博學的人

這類人多少有一些才華，也能旁及到其他各門各類的知識，喜歡高談闊論，似乎是博學多才的人。但相處久了就會發現博而不精，有欺人耳目之嫌。貌似博學者大多是青少年時讀了些書，興趣愛好都還廣泛，但是因爲才能有限，或者學習條件與環境受限制，終究未能更上一層樓。

待學習的黃金年齡一過，雖有專精的願望，但已力不從心，最終學識停留在少年時代的水準上，不能再進一步。即便可能得到深造機會，由於意志力的軟弱，也只能再學到一些新知識的皮毛。這種人是典型的志大才疏。

・不懂裝懂的人

不懂裝懂的人在生活中著實不少，尤其以成年之後爲甚，這完全是因爲愛面子、怕人嘲笑的緣故。

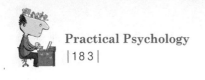

不懂裝懂的人是可怕的，會因此給團體或企業帶來許多損失。還有一類不懂裝懂的人是爲了迎合討好某人，這種情況，有的是違心而爲，在特殊場合下不得不如此，有的則是拍馬屁，一味奉承。

・濫竽充數的人

這一類人有一定的生活經驗，知道如何明哲保身，維護個人形象。總是在別人後面發言，講前面的人早講過的觀點和意見。如果整合得巧妙，會使人不能覺察濫竽充數的本質，反而當做精闢見解。

這種人往往有他的難處，如南郭先生一樣，只是爲了混一口好飯吃。如果沒有其他壞心思，倒也不礙大事，否則就要趁早炒魷魚，或加以疏遠爲妙。

・避實就虛的人

這類人多少有一點才幹，但總嫌不足，只好用一些旁門左道的辦法坐到某個職位上去。當面對實質性的挑戰時，比如現場提問，因無力應付，通常圓滑地採用避實就虛的技巧處理。

按理說，這也是一門本事，當副手也還無大礙，但要小心他們冷不防捅出無法彌補的大紕漏。

・鸚鵡學舌的人

自己沒有什麼獨到見解和思想，但善於吸收別人的精華，轉過身來就對其他人宣揚，也不講明是聽來的，不知情的人自然會把他當高人看待。

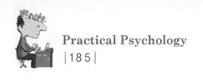

這種行爲，說嚴重一點，是剽竊，因爲不用負法律責任（如果以文字的形式出現，比如論文、書刊，則性質比言論要重得多），不少人十分熱衷。這種人雖然沒什麼實際才幹，但模仿能力強，未嘗不是一種長處，可加以利用。

・固執己見的人

不肯服輸，不論有理無理都是一個樣，這類理不直但氣很壯的人，生活中處處可見。對待他們，較好的辦法是敬而遠之，不和他們爭論。如果事關重大，

則必須設法加以說服。

首先應該仔細分析這類人固執的原因：如果本來賢明而一時糊塗者，只要以理說之，並據理力爭，多半能說服；私心太重而沉迷不醒者，可以用迂迴曲折之道，半探半究地講到他心坎上去；實在是個糊塗蟲，不可理喻，就動用權力強迫他接受。

世間有許多假象，人身上也有許多似是而非的表象，看似優點，實則爲致命的缺點。不論是用人或者交往，都不要被假象迷惑，唯有透過現象看本質，才能發現具有眞才實學之人，不會被魚目混珠之輩欺瞞。

以正確態度和上司相處

不要對上司的挑剔或刁難太計較，能過去就過去，應該把自己的工作放在最重要的位置。

就像同事各有不同個性，上司的風格也完全不同，必須加以摸清。

如果你的上司是一個愛聽信讒言的人，那實在是你的一大不幸。爲了避免和上司發生衝突，並使他明白你是受到了讒言的陷害，可以這樣做：

第一，運用技巧破除讒言的虛假，爲自己洗刷清白。有人向上司進讒誣陷你，偏偏上司又聽信了讒言，這種情況對你極爲不利。此時應拿出勇氣，以積極的態度迎戰，運用技巧揭穿事情眞相，還自己清白。

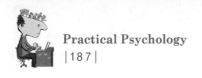

第二，面對上司突然冷淡疏遠，或在會議上不點名、暗示性地批評，甚至故意製造工作中的矛盾爲難、制裁，應當拿出勇氣主動找上司談一談，問清緣由，說明眞實情況。

凡事如果拿到檯面上，公開地、坦率地說清楚，往往會收到較好的效果。迴避的態度、忍氣吞聲的做法，只會使眞相籠罩在一層迷霧中，加深上司對你的誤解，加大雙方的隔閡。所以，應當敢於正視面臨的困境，並努力想辦法擺脫被動局面。

第三，化被動爲主動。如果確切無疑地知道了是誰在背後進讒言陷害你，可以在上司沒找你之前先找到他，把一切實情坦然相告，這樣就可以化被動爲主動。另外，爲了制止進讒者繼續造謠生事，應當再凜然正色地找到這位當事人，以暗示性的口吻給予必要警告。

這類人往往心虛，你一找他，他就明白了。他們都慣於背後搞鬼，所以也不願公開撕破臉，不願發生使雙方都難堪的正面衝突。如果對方是個非常潑悍無禮的小人，則最好避免與他正面打交道，而是策略性地把話說給親朋好友知

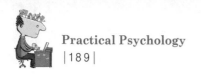

悉，讓他們轉告，間接制止他的惡劣行徑。

•怎樣與愛挑剔的上司相處

碰到愛挑剔的上司是最令人頭痛的事了，由於他的存在，你常常會處於不自信的狀態之中，因爲他總是打擊你的情緒。比如，你明明是完全按照他的吩咐去處理一件事，過後他又指責你辦事不妥。

在挑剔的上司手下工作，會覺得自己渾身上下的汗毛都是豎著長的，左右都不是，怎麼做都讓他看不慣。不管怎麼說，碰到愛挑剔的上司，對下屬而言總是不利。那麼，該怎麼辦呢？以下幾招不妨一試：

1. 弄清上司的意圖

當上司交給你一項任務時，應該問清楚他的要求、工作性質、最後完成的期限等等，避免彼此產生誤解。

2. 設法獲取上司的信任

假如上司處處刁難，可能是擔心你將來會取代他的位置。這時，你應該盡

自己最大的努力使他安心，讓他明白你是一個忠誠的下屬。

你可以主動定時向他報告工作狀況，讓上司完全了解並掌握。一旦獲得他的信任，便不會對你提出不合理的過分要求。

3. 正視問題

不要迴避問題，尊重自己的人格，不卑不亢。正視問題，嘗試與上司相處，針對事情而不是針對個人。上司無理取鬧的時候，你應該據理力爭，抱著「錯了我承認，不是我的錯而要我承認，恕難照辦」的態度，論理而不是吵架，讓他感覺到你的思想、人格，以及堅持。

一個言行一致、處事有原則的人，自然不會被小看，就算老闆也不例外。

4. 別太計較

不要對上司的挑剔或刁難太計較，能過去就過去。應該把自己的工作放在最重要的位置。好老闆是可遇而不可求的，如果眼前的這份工作能滿足你的要求，比如豐厚的薪水、舒適的工作環境等，就不要輕易放棄。

如果你非常熱愛自己的工作，想好好做出一番成績，那就儘量不要把老闆

的人品與鍾愛的事業同日而語。

• 怎樣與自私的上司相處

自私的上司常常只考慮個人的利益，從不站在集體的立場上考慮問題，更不會替下屬著想。爲了滿足個人的利益，可以置團體或下屬於不顧，甚至不惜犧牲他們的權益。

在與自私的上司相處時應該注意：

1. 潔身自好

不能爲虎作倀，同流合污，因爲這種自私的人什麼事都做得出，可能把得到的私利分你一半，但在引起衆怒時，也會把你抛出去當代罪羔羊。

2. 用沉默表示抗議

如果他的所作所爲實在過分，可用沉默表示無言的抗議。聰明的上司會領會下屬沉默的含意，並稍作檢討。

3. 有原則地代上司受過

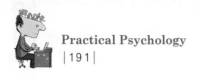

身爲下屬絕不要輕易代上司受過，如十分重要的惡性事故，造成重大經濟損失或政治影響的事故，以及一些已經觸犯到法律的行爲。在這些情況下，如果你仍然爲顧全上司的面子替他掩飾，甚至把責任攬到自己頭上，後果是不堪設想的，只會害了你自己。

●怎樣與陰險的上司相處

這樣的人作了你的上司，可眞是你的人生不幸，稍有不愼，就有可能成爲他的報復對象。與這樣的上司相處，只有兢兢業業，一切唯上司馬首是瞻，賣盡你的力，隱藏你的智。賣力易得他的歡心，隱智易使他輕你，輕你自不會防你，也就不會害你。如此一來，或許倒可以相安無事。

這種地方原本就不是久居之所，如果希望在事業上有所表現，勸你還是從速作遠走高飛的打算。

●怎樣與傲慢的上司相處

一些人之所以顯得傲慢，不可一世，是因爲具有別人無法攀比的優越條件，或者高人一等的才智。傲慢者最容易刺傷別人的自尊心，很讓人反感。

如果你的上司是這種人物，與其取寵獻媚，自侮人格，倒不如謹守崗位。一有機會，你就該表現出自己獨特的本領，只要確實是個人才，不愁他不對你另眼相看。

●怎樣與頑劣貪婪的上司相處

頑劣貪婪的上司私欲太重，就像一個永遠也填不滿的無底洞，貪欲沒有止境。這些人，慷公家之慨，中飽私囊，是社會的一大蛀蟲。

遇到這樣的上司，該如何對待呢？

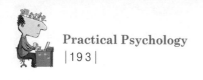

1. 按原則辦事

堅持原則，照章辦事，是工作人員應該遵守的紀律。不要因爲他曾經栽培、提攜過你，爲感恩戴德，就放棄原則，同流合污。

如果貪婪的上司想以巧立名目、偷樑換柱的方式滿足私欲，可用「不好報帳」、「財務檢查不好過關」、「審計太嚴格」等藉口予以搪塞和回絕。使他感到你「不好對付」、「不給面子」、「太死板僵化」、「難以打開缺口」。屢次碰壁後，就可能有所收斂。

當然，這樣做要頂著極大的壓力，冒著遭受打擊排斥的風險。但如果應允了，就會越陷越深，後果不堪設想。所以，要有勇氣頂住壓力，堅持原則，堅信「多行不義必自斃」這個亙古不變的眞理。

2.多留個心眼

如果迫於上司的壓力，不得不按照他的意思去辦，自己要多留個心眼，把一些可疑之處悄悄用本子記下來，待其事態敗露，立即交出作爲證據。如果掌握了上司貪贓枉法的確鑿證據，可採取匿名的方式，向有關部門打電話或寫信舉報，這是自保的最好方法。

適度的表現和自我保護，才能拿捏出和上司相處的最適切尺度。

小心，小人就在你身邊

只有擦亮自己的雙眼，練就一雙火眼金睛，學會看透人心，才能免在這個紛繁複雜的社會中受無辜的傷害！

俄國諷刺作家克雷洛夫曾經寫道：「通常小人像極了兩種動物，一種是哈巴狗，另一種則是禿鷹。」

因爲，當你得勢的時候，小人就會像哈巴狗一樣圍繞在你身邊拼命搖尾，一旦你失勢的時候，這些原本圍繞在你身邊的小人，非但不會出手幫你，反而會像禿鷹一樣，爭相搶食你身上所剩無幾的「殘肉」。

因此，如果你想戰勝身邊的小人，就必須先認清以上小人的兩種嘴臉，然後不讓小人有絲毫靠近自己身邊的機會。

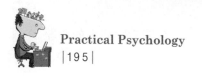

你是否曾爲識人困難而苦惱過？

其實，大可不必，因爲人的一半是天使，一半是魔鬼。純粹的君子是不存在的，爲了一己之利，處處都有小人，如果不能發現、防範，不能和小人處理好關係，你就會常常吃虧。

這首先要從人性談起：第一，天下熙熙，皆爲利來；天下攘攘，皆爲利往。誰沒有私心，誰沒有欲望，人生一世，誰不渴望轟轟烈烈？

爲了實現自己的理想、達到自己的目的，有人不擇手段，有人背叛人性，所以總有小人出現！

第二，人爲財死，鳥爲食亡。從商者爲了收斂錢財，更是爾虞我詐，商場如戰場；爲了得到心儀的女人，爲了評上職稱……太多的誘惑造就了太多的追逐。在追逐欲望的過程中，每個人的人性都將得到洗練。

是高尚的還是卑鄙的，是君子還是小人，在利益面前都會圖窮匕現，而小

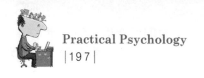

人正是爲自己「打算盤」的人。

不是人性太壞，而是這個世界欲望太多、變得太快，讓初出茅廬的你就像霧裡看花，水中望月，怎麼也琢磨不透。世界如此之大，在利益的驅使之下，什麼鳥都飛出來了。爲了尋求屬於自己的食物，各自糾纏不休，小人也就出現在你的身旁。

小人做事做人從不守正道，以邪惡的手段來達到目的。

他們喜歡造謠生事，且都另有目的，並不是以造謠生事爲樂；他們喜歡挑撥離間，爲了某種目的，可以用離間法挑撥同事間的感情，製造不合，好從中得利。他們喜歡拍馬奉承，這種人不一定是小人，但很容易因爲受上司所寵，而在上司面前說別人的壞話。他們喜歡陽奉陰違，這種行爲代表這種人的行事風格，他們對別人既能陽奉陰違，因此對你也可能表裡不一。他們喜歡「西瓜偎大邊」，誰得勢就依附誰，誰失勢就拋棄誰；喜歡踩著別人的鮮血前進，也就是利用你爲自己開路，而你的犧牲他們根本不在乎。他們喜歡落井下石，只要有人跌跤，會追上來再補一腳；喜歡找替死鬼，明明自己有錯卻死不承認，硬要找個人來背罪；喜歡把自己的歡樂建立在別人的痛苦上。

害人之心不可有，防人之心不可無。特別是在現代社會，隨著經濟的不斷發展，通訊工具日趨發達，人與人之間的聯繫更加緊密。

我們沒有刀槍不入的金剛之軀，面對變幻莫測的世界，小人並沒有特別的樣子，臉上也沒有寫上「小人」二字，有些小人甚至還長得帥又漂亮，有口才也有內涵，一副「大將之才」的模樣，根本讓你想像不到。這時，我們只有擦亮自己的雙眼，練就一雙火眼金睛，學會看透人心，才能免在這個紛繁複雜的社會中受無辜的傷害！

小人難辨，小人難防。在利來利往的生活中，究竟該如何識別小人？如何防範小人？

先看清個性，才能避免小人危害，正是現實社會的生存之道。

如何看穿小人的招數？

很多事情並不如表面那樣簡單，背後可能有不可告人的目的，精明的職場人士必須處處提防陷阱，小心被自己的同事暗算。

你是否有過以下的經驗？某天，一位與你熟稔的同事提出建議，一起合作幫助上司整理歷年來的開會資料記錄，雖然此舉會增加工作負擔，卻不失爲一個表現的好機會，可以博取升職與加薪。

你對於這樣的提議大表歡迎，甘願每天加班完成額外的工作，甚至沒有發出絲毫怨言。可是，你怎樣也想不到，對方竟然把全部功勞歸爲己有，在上司面前邀功，結果只有他獲得上司的提拔，你又驚又怒，卻無濟於事。

爲免日後再次被有心人所利用，你應該怎樣應付呢？

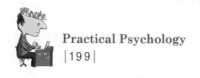

一、如果有同事提議與你一起完成額外的工作，你可以接受，但應當把各人負責完成的部分清楚記錄下來，留待日後作爲參考。

二、假如有人替你戴高帽，稱讚你的工作能力如何驚人，無非想讓你助他完成工作，不要被對方的甜言蜜語所動。教導他如何處理難題就好，無須親自動手幫助他完成。

三、若你對於同事的行爲與企圖有所懷疑，可以直接找上司談一談，避免徒勞無功，反受其害。

四、同事始終是同事，並非你最好的朋友，應該與對方保持一定距離。

當你發現某個同事原來一直在利用自己，必然怒不可遏，恨不得立刻拆穿他的西洋鏡。但你應該明白，衝動行事肯定不會有好結果。

如此說來，應該採取怎樣的態度呢？

有位同事經常公開讚揚你的工作表現，表示對你的辦事能力欽佩不已，後來知道原來他另有目的，就是要把你踩在腳下，繼而徹底拔除掉。

要是不願被此人繼續利用下去，就要有所行動了，最重要的是保持自己的清白和精明的形象。因爲長此下去，容易遭人誤會，以爲你與這同事其實是站在同一陣線的同伴。

當對方再次故意公開讚揚你，不妨中斷他的話。你可以這樣道：「其實這個任務不是由我負責的，是整個團隊的合作才能順利完成的。」

既讓他無可奈何，又對工作小組表明了心跡，情況必定可以改善。

假設某天你因公事與某同事一起出差，對方突然問你：「你跟夥伴間似乎有很大的問題存在，你如何面對呢？」

天地良心，你一直覺得與夥伴相處融洽，公事上大家都很合作，私人間也是客客氣氣的，何來問題呢？霎時間，你必定感到被當頭澆了一盆冷水。

此時應當冷靜一點，世事難料，這當中可能發生了不少問題，有直接的，有間接的，難以一概而論。

表面上，你必須表現得落落大方，微笑一下，反問對方：「你看到了什麼？」或者「你聽到了什麼？」

對方必然是支吾以對，你可以繼續說下去：「我們一直相處得好好的，我從不察覺到有什麼問題，也不曾因公事發生過不愉快事件！」這個說法，可收連敲帶打之效。

若對方是有心挑撥，或試圖獲取情報，如此一番話回應就沒有半點線索可讓他查到，間接地還拆穿了他。

不過，很多事情並不如表面那樣簡單，背後可能有不可告人的目的，必須處處提防陷阱，小心被自己的同事暗算。

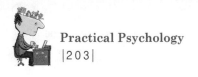

別太信任你的「朋友」

保守秘密並不是對他人的不信任，而是對自己負責，你同樣也需要保守自己的秘密。

法國文豪羅曼．羅蘭曾說：「在推心置腹的情況下，對身邊的知己所說的一些私房話，在日後可能會被這些知己用來做為攻擊你的武器。」

通常，圍繞在你身邊的小人，都會想方設法地成爲跟你無話不說的「知己」，然後再藉著「知己」的這個身份，從你口中獲得一些在將來可以用來打擊你的材料。

許多人都信任且依賴朋友，卻往往因最好最親密的朋友而吃虧。

正如在安全的地方，人的警戒心總是鬆弛一樣，與好友交往時，你可能只注意到了彼此的親密關係不斷成長，每天在一起無話不談。

對外人，你會驕傲地說：「我們之間沒有秘密可言。」但不知道這一切往往會對自己造成傷害。

來看這個例子：

波爾美上大學後便違背了父母的意願，放棄了醫學學業，專心於創作。值得慶幸的是，一次偶然的機會，讓她遇到了知名的專欄作家郝嘉，她們成了知心朋友，無所不談。

透過郝嘉的悉心指教，波爾美不久便寄給父母一張刊登著自己文章的報紙。一個人對於挫折時受到的幫助是很難忘的，更何況兩人還是朋友。波爾美與郝嘉幾乎合二為一了，一同參加雞尾酒會，一同去圖書館查閱資料。波爾美把郝嘉介紹給所有自己認識的人。

但其實，郝嘉面臨著不為人知的困難，她已經拿不出與名聲相當的作品，創作力幾乎枯竭。

有一天，波爾美把最新的創作計劃毫無保留地講給郝嘉聽，郝嘉心裡登時閃過了一絲光亮。她端著酒杯仔細聽完，不住地點頭，罪惡想法就此產生。

不久之後，波爾美在報紙上看到了自己構思的創作，文筆清新優美，但署名卻是「郝嘉」。波爾美談到自己當時的心情時說：「我痛苦極了！事實上，如果她當時打個電話，解釋一下，我是能夠原諒她的。但我面對報紙整整等了三天，沒有得到任何音訊。」

「半年之後，我在圖書館遇到了郝嘉，互相詢問了對方的生活，以免尷尬，然後，很有禮貌地握手告別。自那件事以後，我們兩個人都不再創作。」

好友親密要有度，切不可自恃關係密切而無所顧忌，正如中國一句古話「見面只說三分話，未可全拋一片心」。

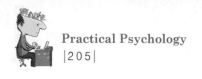

親密過度，就可能發生質變。過密的關係一旦破裂，裂縫會迅速擴大，好友勢必變成冤家仇敵。

也許有一天，你興沖沖地闖進了朋友的家裡，一面擦著自己頭上的汗珠，一面高聲喊叫，卻發現對方慌慌張張地藏著什麼東西，相當詭異。

此時，請你不要追問，因爲這是他獨有的秘密，更不要因此而認爲他有意疏遠你，不相信你。心中藏著屬於自己秘密的人會認爲這是自己的權利，朋友沒有必要佔有。

保守秘密並不是對他人不信任，而是對自己負責。你同樣也需要保守自己的秘密，這一切並不代表你和好友之間的疏遠，如此反倒能使友誼更加可靠。斤斤計較，你一定會失去好友。

同樣，在朋友覺得難爲情或不願公開某些私人秘密時，也不應強行追問，更不能私自以你們的關係，去偷聽、偷看或悄悄地打探朋友的秘密，畢竟保守秘密是他的權利。

凡屬朋友個人的一些敏感性、刺激性大的事情，公開權利應留給對方。擅自偷聽或公開不屬於自己的秘密，是交友之大忌。

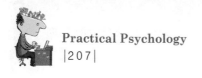

別讓小人的伎倆蒙蔽了目光

如果一個人先增強防騙意識，再具有必要的防騙能力，是可以防止受騙的。

人是最擅長偽裝的動物，現實生活中道貌岸然的小人很多，如果你不想老是受他們宰割，那麼就得放聰明一點，才不會老是受騙上當。

行騙者與受騙者，是對立卻並行的存在。世上沒有行騙者，怎會有受騙者？沒有受騙者，行騙者也沒有立足之地。

巴爾札克曾說過：「傻瓜旁邊必須有騙子。」這話並不一定說凡受騙的都是傻子，但卻講出了行騙者被騙者之間的辯證關係。

人們之所以受騙，總有受騙的原因，或者說，之所以受騙，是由於不具備

必要的防騙能力。

要想不受騙，就必須提高自身的防騙能力。

眞能夠避免受騙嗎？答案是肯定的。

個人只要具有一定的防騙能力，就可以防止受騙，或者說可以減少受騙，避免受大騙、釀成大禍。

地產業在香港算得上是最大的交易，因此狀況層出不窮。

有一次，某金融公司從中國大陸到香港與一位大廈賣主接觸，一開始整棟樓的開價是一．七八億港元，某金融公司認爲偏高，沒有答應。

經過幾次洽淡，雙方各持己見，於是商定第二天下午繼續談判。

次日，他們在一間會客室商談。忽然有幾個大亨打扮的人走進來，神秘地與樓房賣主說話，雖然聲音壓得很低，但仍可以聽見對話內容，請賣主將樓房價格升到一．八億元成交。

賣主將來人打發走之後，對某金融公司代表說：「剛才說的話，你們可能聽到了，他們開價一．八億我都不答應，給你們一．七八億，這是考慮你們同是中國人，我們應多少表示點愛國心。」

因爲某金融公司早聽說有買樓房被詐騙之事，所以看到港方的行動，仍不爲所動，堅持不讓步。

經事後了解，那幾個大亨，原來是賣主一方的人假扮。這是他們設的一計，以此誘騙某金融公司上鉤。

由此看來，在與他人交易過程中，如果事先有準備，能時時且事事提防，便可有效防止受騙。

要防止受騙，還需要具有一定的識騙、防騙能力。騙子騙人要掩蓋自己騙人的眞面目，總是以某種假象出現。如果一個人先增強防騙意識，再具有必要的防騙能力，是可以防止受騙的。

只要稍加留意，種種破綻其實不難識破。

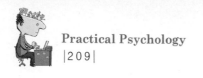

PART 7

別被馬屁精摸清了自己的心

當你受到來自別人的讚美時，
不要忘了一切、迷失方向，
要小心同事不良的動機，
提防他對你別有用心。

你不能不防的四種小人

和牆頭草這種人，以禮相待就可以了，不必有利益、人情上的往來，以免他沒事就來打擾你，這可不是好事。

要提醒你小心應付辦公室裡的某些人，實在是件令人傷感的事。當然，不用提防別人的日子是比較好過，可是，如果不小心應付，分辨不出眞話和謊話，便有吃虧的可能性。

話雖如此，如果過著時時提防、處處小心的日子未免太累，所以在一般情況下，只要小心應付以下這些最愛說謊類型的人就可以了。

1.甜嘴巴。

這種人不管他和你認識多久，他們總是表現得自然又親熱。他們還非常喜歡恭維你，拍你的馬屁，經常把你哄得舒舒服服的。當然，這並不表示所有嘴巴甜的人，就是壞人。而是因爲這種人嘴巴伶俐，容易使人心不設防，如果他對你心懷不軌，你的陶醉會讓你來不及有所防備。

2. 笑面人。

這種人看起來好像沒有脾氣一樣，不管你怎麼罵他、打他、羞辱他，他都表現得笑瞇瞇的，縱然心裡有再大的不滿，也都擺在心裡，讓你看不出來情緒。這種人也不見得一定是壞人，因爲他的個性就是如此，成天笑臉迎人，深怕得罪人。只是，如此一來，你就搞不清楚這種人心裡在想些什麼，也無法從外在的表情或行爲，了解到他的好惡及情緒波動。

碰到這種笑面人，眞的讓人無從對應，因此，當他對你別有企圖時，你是很難有所防備的。如果遇到這種人，你要避免流露出內心的秘密，更不可和他談論私人的事情，和他保持禮貌性的交往即可。

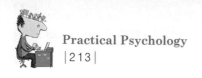

3. 假面人。

這種人像戴上面具一樣，對於個人的資訊非常保密，也不讓你知道他對事情的看法，你無從了解他，也不知道是不是應該提防他。

認識到這樣的朋友，最好的辦法就是保持距離。

4. 牆頭草。

這種人最大的特色便是見利忘義，見風轉舵，哪邊好往哪靠邊。既然他們的待人處世是以獲取私人利益作爲目的，自然會爲了利益而背叛良心、傷親害友。這樣的人，今天跟你好，明天也可能將你害。

所以，和這種人相處，以禮相待就可以了，不必有利益、人情上的往來，甚至寧可故意向他顯示你「無利可圖」的一面，以免他沒事就編些謊話來誆騙你，這可不是好事。

不要亂喝「迷魂湯」

任何一家公司，都不會告訴別人自己真正的實力和背景，為了獲得商業利益，通常只會揀好聽的說。

如果一天，公司突然向你提出一項升職的提議，前提是調派你到另一部門工作，或把你派駐海外分公司，千萬別太快高興，這很可能是一種陰謀、一個藉口，最終目的是要消滅你進公司以來建立的權力或影響力，甚至是逼你離職的間接手段。

無論公司的提議是如何有吸引力，在接受之前必須三思，否則的話，你會發覺自己吃了一個有毒的蘋果，到時悔之已晚。

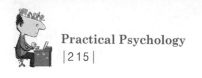

上司的承諾不能輕信，同事對你的承諾，你也大可以不必當眞。因爲，一個部門空出了肥缺，大家都會去爭、去搶，自然會形成競爭局面。

無論是在戰場、情場或是商場，任何人都很難一帆風順，現實生活中，爲了某種利益而大動干戈的例子實在太多了。

爲了長遠的利益考量，平時跟同事相處就要稍加提防，不要將懷有某種目的的奉承當成是眞話，比如，下面這些話千萬不可輕易相信。

「我眞的很相信你。」

「你是我最知心的朋友。」

即使對部屬，也得加以留意。部屬肯定不會當面說你的壞話，他們除了做好分內的工作外，必要時會給你戴幾頂高帽子，再灌上幾碗迷魂湯，就不怕保不住飯碗了。因此，他們的奉承話你最好不聽。比如：

「我只願意爲你一人服務。」

「我不願跳槽，就是想一直爲你效勞。」

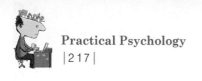

「如果你不在這家公司，我早就辭職了。」

此外，和其有些公司的對外宣傳用語，聽了之後也應該在心裡打點折扣，因爲，有的公司爲了使外人建立信心，常常會大放厥詞，例如：

「本公司一向把誠信放在第一位。」

「我們是完全有把握圓滿完成這項工作，所以才敢接下來。」

任何一家公司都不會告訴別人自己眞正的實力，爲了獲得商業利益，通常只會揀好聽的說。因此，宣傳話語是不能輕易相信的，除非你對這家公司十分瞭解，否則，還是寧可持保留態度，多做些深入的調查再說。

別被別人當成猴子耍

面對老闆詢問，千萬不要輕易表態，當老闆在指責某人做事不力，能力欠佳，目的只有一個，就是試探你。

柯林斯曾經寫道：「成功者與失敗者最大的差別，就在於成功者比失敗者更懂得看穿人心。」

想要瞬間把一個人看得透徹，其實並不困難，重點在於能不能從對方的言行裡，看出虛偽矯飾的成分。

在職場裡難免會碰上人事鬥爭的問題，你要特別當心，不要被人利用，給別人當當猴子耍。

特別是在權力傾軋的環境中，你應該要有自己的立場，才能夠生存下去。

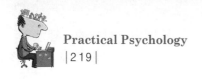

當你身邊有兩位經理大鬥法時，你應該如何應付呢？

其實，這時他們兩人都希望能拉攏你，卻又不能太露骨，因此會在言詞上表達，或在工作上給你甜頭。聰明的你當然明白其用意，雖然不想得罪任何一方，但你是不可能一直裝蒜下去，此時你一定要巧妙地表明立場，否則等到被視爲兩面人的時候，那就更不妙了。

那麼，遇到人事鬥爭的時候，應如何抉擇呢？

這時，你只好看自己的工作內容來做決定，一般狀況下，通常都會選擇自己的直屬上司，因爲當他把你當成心腹時，自對你會很好的，而且將對你生涯規劃有很大的助益。

不過，此時你要非常注意的就是，不要讓另一位經理將你視作眼中釘，給自己樹大敵，埋下日後的不定時炸彈。

所以，你在直屬上司眼前，最好只著重聽他的指示，不便隨提意見，尤其是不要講另一位經理的壞話。同時，要有意無意間表現你的選擇只是因爲所在的部門不同，並非針對他本人。

遇上人事問題，你的態度最好是保持中立。如果有別的主管犯了大錯，公司的最高主管可能是開會又討論的，而且老闆還可能召見你，其他部門主管也可能找你面談。

這種種情況，你最好小心仔細的面對。

面對老闆詢問，千萬不要輕易表態，這樣是既保護了自己，又不會傷害別人。當老闆在你面前指責某人做事不力，能力欠佳，目的只有一個，就是試探你。至於其他同事，找著你無非是探口風或想見風使舵，這類人也是得罪不得，因此來一招模稜兩可吧，以防被出賣。

想生存，就得練就識人的眼睛

在職場中，無論面對朋友還是同事或者下屬，都要具有一雙識人的眼睛，看清自己生存奮鬥的環境，趨利而避害，擺好自己的位置。

想要瞬間看穿一個人，不能光看他表現出來的那面，也不能光聽他說出來的話語，而要從細微之處觀察。

眞正有眞才實學的人，不會在人前賣弄才學，而是將滿腹經綸化爲謹愼謙恭的態度。相反的，那些人前顯擺、高談闊論的人，不一定是眞正的人才。

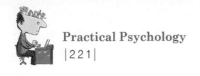

想要了解一個人，當他前途順利時，就看他尊敬的是什麼人；當他顯貴時，就看他任用的是什麼人；當他富有時，就看他交往的是什麼人。

聽了他的言論還要看他怎麼做，當他空閒時看他的愛好是什麼，和他熟悉之後就看他的言語是否端正，當他失意時看他是否有所不受，當他貧賤時觀察是否有所不爲。

在職場中，一雙慧眼可使人才聚於麾下，無往而不勝。

「人是公司最好的產品」，這句話出自於日本著名企業家松下幸之助，他可稱爲是第一個看透人才價值的人。一般產品對於公司來說不過是換取金錢，而人才這種特殊商品，對於公司來說，除了創造價值之外，還能夠激發出企業團結合作的巨大潛能。

所以有人說：「愚蠢的商人花錢，聰明的商人用人。」

在職場中，無論面對朋友還是同事或者下屬，都要具有一雙識人的眼睛，看清自己生存奮鬥的環境，趨利而避害，擺好自己的位置，才能夠無懼人生的風雨，做一個成功人士。

如果你的上司是菁英，絕不可滿足於唯命是從。碰到這種上司，一定要虛心學習他的長處，提高自己的才能。天下沒有不散的筵席，當曲終人散時，別人都受益匪淺，只想依附他人的你卻可能兩手空空。

如果你的同事是菁英，而彼此又志同道合，大可聯手創一番轟轟烈烈的事業。如果一山不能容二虎，則可各施所長，在各自的領域一爭高下。如果以上都行不通，你不妨助他成功，自己多少也落得個識才的美名。

納菁英人才爲部下，你應有自知之明，知道他終非池中之物，有朝一日定會超過自己。這時，你就要虛心地接納他，給他有益的資助與肯定。這種做法可以稱之爲「投資」，到時候一定有利潤可回收。

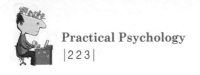

學習與下屬中的小人相處

對付陰險狡詐的下屬有時也可以用欲擒故縱的方法，等到原形畢露之時，再巧妙揭穿他罩在臉上虛偽狡詐的面紗。

古羅馬思想家西塞羅曾說：「在所有墮落的行徑中，沒有比偽君子更加邪惡了，偽君子總是在最虛假的時候，小心翼翼地裝出最善良的模樣。」

的確，如果你身邊的人就是這種表面上和你交好，骨子裡卻握著刀劍，那麼就必須特別小心留意，因爲，這種僞君子通常比眞小人更加兇惡，只要一防範不周，必定蒙受大害。

小人是最惹人厭的，碰上這樣的下屬，可得小心應付。

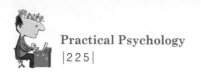

●對付愛嘮叨型下屬的方法

這種類型的人承受壓力的能力有限，遇事便忙成一團，無法穩定，心態動盪，好嘮叨。對待這類下屬可用以下方法：

1. 多用眼、少用嘴

如果你的下屬是這種嘮叨型的人，在安排工作時，事先把該交代的一切都講得一清二楚，不要留下漏洞，以免讓他有更多詢問或逃避的機會。

2. 不要發怒

在他嘮叨時，千萬不要發怒，儘量以冷靜的微笑對待。既表示尊重，又使他不知你的底細，從而使他逐漸少講或不講話。

3. 培養信任

當你必須回答他的嘮叨時，一定要做到回答得有份量，令他心服口服，有了信任感，他便會言聽計從。

4. 不出爾反爾

搞清情況後再發言，絕不能出爾反爾。否則，會留下讓他饒舌的餘地。

•如何對付自作聰明的下屬

自作聰明的下屬，往往不能徹底貫徹上司的意志，老是幫倒忙。他總認爲自己的主意要比上司的高明，在執行任務的過程中自作主張，改變上司的意圖。對於這樣的下屬，雖然氣憤，但又不好意思罵他。因爲這會使他以後不幫你，甚至產生反感。試想，若有人全心全意地爲你解決問題，你不但不欣賞，還罵他一頓，這感覺會好受嗎？

既然罵不得，那就採取「軟招」攻勢。首先，多謝他的誠意和幫忙，從正面肯定價值，之後再從側面解釋一下他犯的錯誤，最後再爲他的錯誤找個台階下。甚至可以在最後把錯誤歸在自己身上，說是自己解釋不全，才會害得他白費精力，相信他必會誠心地接受意見。

其實，只要適當引導，不難將自作聰明的員工訓練爲有用的員工。

•如何對付自私自利的下屬

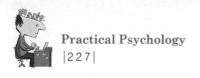

對付這樣的下屬，應該用以下方法：

1. **滿足正當要求。**

與這類的下屬相處，對他們的合理要求應給予滿足，使他了解到你絕不爲難他，相當公正。

2. **拒絕不合理要求。**

對於他的不合理要求，委婉地列舉出不能辦的各種原因之後，巧妙地勸阻不要得寸進尺。

3. **辦事公平。**

如果下級中有這樣的人，當你制定利益分配計劃時，要充分發揮同事的監督作用，將計劃公佈於衆，使大家感到是在公平情況之中進行利益分配，如此便可避免無謂糾紛與糾纏。

• 如何對付陰險狡詐的下屬

陰險狡詐的人屬於卑鄙的小人，爲了自己的利益，什麼事都能做得出來。

他們採取各種手段，騙取上司的信任，逐步奪取上司的權力，最終完全加以取代，是一種十分陰險狡詐的小人權術。

這樣的下屬，善於背後使壞，暗裡插刀，放冷箭，打黑槍，讓你拿不準他什麼時候給你一腳，而且小人之腳往往陰狠毒辣，上司若是防備不及，則必遭大劫，落得身敗名裂，後悔莫及的下場。

作爲上司，爲了不至於遭陰險狡詐的下屬暗算，還是防範爲妙。

首先，要明辨是非，不偏聽偏信小人的話。小人皆是口蜜腹劍，嘴上甜甜蜜蜜，心裡卻暗藏禍心，這正是陰險狡詐之處。對付這樣的下屬，要洗淨耳根仔細聽，要善於抓住話中的關鍵，認眞思考分析他說話的目的。

其次，放長線，釣大魚。小人一般都有得志便威風的毛病，對付陰險狡詐的下屬，有時也可以用欲擒故縱的方法。先假裝不知，讓他盡情表演，等到原形畢露之時，再巧妙揭穿他罩在臉上的虛僞狡詐的面紗，不給他容身之地。

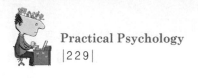

別被馬屁精摸清了自己的心

當你受到來自別人的讚美時，不要忘了一切、迷失方向，要小心同事不良的動機，提防他對你別有用心。

善於討好諂媚的小人在各行各業中都可以找到，這類人有一項基本特徵，就是永遠順從指示，無論在什麼場合，只曉得做一種動作——點頭同意上司說的每一句話。

這類人內心有一份揮之不去的恐懼，連提出自己意見的能力也逐漸被遺忘或根本喪失了。

在他們心裡，只相信一個眞理：同意上司的所說的話，會令上司對自己有好感，反駁上司的話，只會造成不必要的麻煩。

愛諂媚的人總會有這樣的念頭：許多上司雖然口口聲聲表示自己很民主，樂於聽取各方面的批評或意見，其實最討厭下屬指出他們的不足，因爲這無形中損傷了權威。絕大多數上司都喜歡下屬贊成自己的提議或想法。

愛諂媚的人不斷找尋一位強有力的上司以保護他們，至於什麼個人尊嚴，早已全丟在九霄雲外。他們最大的目標，就是使自己的「靠山」高興、順心，其他一切都不管。

身爲上司，利用他們替自己辦些私人瑣事倒是相當理想的，在這方面，他們定能辦得妥妥貼貼。

簡單來說，他們全無主見，亦無眞才實學。

這類人之所以能夠在公司內生存，乃是由於他們看透了人性愛聽奉承話的弱點，加上奉承有術，才能風光一時。

對付這類人，最適當的處置方法便是降級或調到另一部門工作，作爲一種警戒。當然，只有精明的上司才會這樣做。

樂於諂媚的人不僅擅長巴結上司，就是面對同儕，也懂得奉承的道理，因爲恭維讚美的話人人都喜歡聽，就算是平時不喜歡的同事向你說好話，心裡也免不了喜悅，覺得他變得不那麼討厭了，不是嗎？

但當你受到來自別人的讚美時，不要忘了一切、迷失方向，要小心同事不良的動機，提防他對你別有用心。

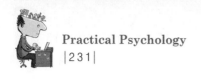

如果某位同事對你非常信服，常常當眾奉承你，聲稱：「在我們公司裡只有你可以勝任這項工作。果然不出我的所料，你把事情做得太棒了。」或者說：「你眞有能力，無論什麼事情交給你去做，必定裡裡外外的人都滿意，如果這件事交給別人去做，就不會有這樣的好結果。」

種種恭維的話不斷向你飛來，不要高興得太早，即使你確實如他所說的有才華，但這些話聽在別人的耳朵裡，卻可能導致反感。這時應該仔細想想，這位同事當眾誇你的目的是什麼？

如果他故意抬高你的功績，製造你高不可攀的形象，是爲了讓其他人看不順眼，就要小心提防。

遇到這種情況，不妨公開說道：「你過獎了，這件事讓你去做，同樣也可能做得非常出色，我跟你並沒有太大區別。」

或者是私下告誡他：「多謝你的誇獎，不過我不太喜歡這樣，以後請不要公開說讚揚我的話。」

工作場合常常有同事喜歡故意捉弄別人，所以，遇到別人誇張恭維，千萬不要認真，不加理會較好。

你只要保持頭腦冷靜，不被誇獎沖昏頭腦，就不會受到馬屁精型小人的威脅，或成爲被利用的對象。

用妙招破解離間圈套

任何離間者要想達到離間他人的目的，必然要先與被離間者發生或明或暗的聯繫。

離間術是一種圈套，是離間者（主體）在被離間者（客體）之間搬弄是非，製造矛盾，以破壞他人團結，從中獲利的一種方法。實際上，這可說是主體對客體的侵害行為。

離間術在生活中有多種表現，如創造條件，促使同伴之間、上下級之間的誤會；或將誤會加以渲染，擴大他人之間的分歧；或編造謊言，製造矛盾，破壞整體團結等等。離間術的外在表現雖然多種多樣，但它的內在本質卻是相同的，那就是使人為己、陷人益己、抑人揚己、損人利己。

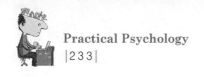

離間術有以下特徵：

• 目的性

任何離間術都有明確目的，只有在目的驅使下，離間的所有行爲才可以表現出實際意義。

離間者的目的是自我的、本位的，建立在實際自我利益基礎之上。有時它爲的是獲取個人的某種利益，有時則表現爲滿足個人的某種心理，有時也可能是爲了小集團的利益，建立於私欲、齷齪、卑鄙等思想之上。離間者的目的不在離間過程本身，而在於最後的結果。

• 隱蔽性

離間者的目的決定了行爲的隱蔽性。因爲，伴隨著離間術的實施，離間者對被離間者的侵害行爲已經暗中悄悄開始，而這種侵害又是巧借被離間者之間的摩擦力量而進行。

況且，一旦離間成功，被離間者的利益受損無庸置疑，所以，離間者只有使被離間者在表面上知情，而不能在根本上知底，才能達到自己的目的。因此，離間活動帶有隱蔽性。

・欺騙性

離間的隱蔽性決定了手段的欺騙性。離間是一種侵害行爲，而且要借助客體之間的摩擦力量實施，又要做到隱蔽得「天衣無縫」，顯然採取正當的、公開的手段行不通。

離間者往往會製造假象，欺騙客體，使人產生錯覺，做出錯誤的判斷，形成錯誤的認識，然後在不知不覺中落入圈套。

儘管離間術具有隱蔽、詭詐的特點，但還是可以破解。

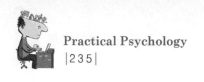

識破離間術，要從以下三個方面進行分析：

首先是聯繫分析。任何離間者要想達到離間他人的目的，必然要與被離間者發生或明或暗的聯繫。沒有聯繫，就無法借助客體之間的摩擦力量，再高明的離間術也無法得以實施。因此，若有誰突如其來地與你發生聯繫，就有可能在實施離間術。

其次是利益分析。一般說來，離間術通常伴隨著利益衝突而實施，而離間者往往又是被離間者發生矛盾後的直接或間接受益者。因此，對人際衝突製造者的利益得失進行分析，有利於識破不安好心者的眞面目。

最後是反常分析。任何離間術無論怎樣高明絕倫，只要付諸實施，總會留下一些反常的痕跡。因此，對反常的、蹊蹺的行爲進行認眞分析，進而採取反向思維，弄清人際衝突的來龍去脈，對於破解離間術很有幫助。

總而言之，離間術的破解應建立在對行爲特徵的綜合分析之上，既不能盲目猜疑，又不可掉以輕心。

必須審愼，才能排除小人製造的禍患。

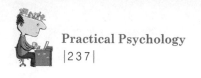

找出值得培養的好人才

注意誰能動員、帶動同事進行工作以達到目標，因為這顯示出此人必定具有管理的能力。

在一個企業裡，一些員工的巨大潛力被無謂地浪費掉，或未能得到充分的發揮，其實是常有的事。爲了企業的利益，領導者應善於識別團體裡的明日之星，使不被埋沒。

從工作表現傳達的訊息，可以迅速研判出一個人是虛有其表的小人，還是值得栽培的好人才；具備這種觀察能力，管理工作就可以無往不利。

怎樣識別企業裡的明日之星呢？

可以從以下幾個方面進行評估：

・他有沒有雄心壯志

明星人物必然有取得成就的強烈願望，透過完成一件又一件工作，不斷地去尋求更上一層樓的機會。

・有無求助於他的人

如果你發現有許多人需要他的建議、意見和幫助，那他就一定是你要找的人了，因爲這說明了他具有解決問題的能力，且提出的方法受到同事的重視。

・他能否帶動別人完成任務

注意是誰能動員、帶動同事進行工作以達到目標，因爲這顯示出此人必定具有管理的能力。

・他是如何做出決定的

注意能迅速轉變思想並說服別人的人。一個有才幹的高階管理人員往往能在相關資訊都已具備時，立即做出決定。

・他能解決問題嗎

如果他是一個很勤奮的人，絕對不會去向老闆說：「我們有問題。」而是

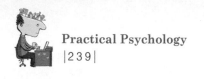

等問題解決了之後，才會找到老闆，彙報說：「剛才有這樣一種情況，我們這樣處理，結果已經全部解決了，非常順利。」

• 他比別人進步更快嗎

一個明星人物通常能把上司交代的任務完成得更快、更好，而且隨時準備接受額外任務。他認爲自己必須往更深的地方去挖掘、學習，不能只因爲懂得皮毛就滿足。

• 他是否勇於負責

除上面提到的以外，「勇於負責」是一個人才必須具備的關鍵性條件。

能夠遠離小人，發掘人才，才會有美好發展與將來。

瞬間看穿對方的心理：識人篇

作　　者　陶　然
社　　長　陳維都
藝術總監　黃聖文
編輯總監　王　凌
出 版 者　普天出版家族有限公司
新北市汐止區康寧街 169 巷 25 號 6 樓
TEL / (02) 26921935 (代表號)
FAX / (02) 26959332
E-mail：popular.press@msa.hinet.net
http://www.popu.com.tw/
郵政劃撥 19091443 陳維都帳戶
總 經 銷　旭昇圖書有限公司
新北市中和區中山路二段 352 號 2F
TEL / (02) 22451480 (代表號)
FAX / (02) 22451479
E-mail：s1686688@ms31.hinet.net
法律顧問　西華律師事務所・黃憲男律師
電腦排版　巨新電腦排版有限公司
印製裝訂　久裕印刷事業有限公司
出 版 日　2019 (民 108) 年 2 月第 1 版
ISBN◉978-986-97363-7-4　　條碼 978-986-97363-7-4

國家圖書館出版品預行編目資料

瞬間看穿對方的心理：識人篇 /
陶然著.—第 1 版.—：新北市,普天出版
民 108.2 面；公分. - (溝通大師；40)
ISBN◉978-986-97363-7-4 (平裝)

溝通大師
40

普天之下・盡是好書

普天出版家族 Popular Press Family

凌雲 A-Plus Creative Company 文創